『象は鼻が長い』入門
―日本語学の父　三上章―

目 次

プロローグ
―三上を知らない世代による三上文法理解の試み― 2

§1 三上文法の理念と構成 5
1. 三上文法の理念 5
2. 三上文法の構成 11
   2-1. 各論としての『続・序説』『論理』『構文』 11
   2-2. 啓蒙書としての『象』『革新』 16
   2-3. 遺言書としての『小論集』 17
3. 『序説』をめぐって 18
   3-1. 『序説』の構成 18
   3-2. 『序説』の価値 24
4. 『新説』をめぐって 27
   4-1. 『新説』の構成 27
   4-2. 『新説』の価値 38

§2 主語廃止論をめぐって ―日本語から日本語を見る― 39
1. 主語とは何か 39

目次

  1-1. 主語をめぐる様々な考え方 39
  1-2. 主題＝主語説とその問題点 40
  1-3. 主体＝主語説とその問題点 42
  1-4. 主格＝主語説と主語廃止論 43
 2. 『象は鼻が長い』と構文論 44
  2-1. 『象』における構文論 46
  2-2. 「ハ」の兼務 47
   2-2-1. 無題化と日本語の構造 48
   2-2-2. 「Xガ」 51
   2-2-3. 「Xヲ」 54
   2-2-4. 「Xニ」 55
   2-2-5. 「Xノ」 57
  2-3. 「ハ」の本務 58
  2-4. 「ハ」の周囲 61
  2-5. 『象』の価値 62
 3. 主語廃止論に対する反論 65
  3-1. 生成文法、類型論による主語存続論 65
  3-2. 人称制限に基づく主語存続論 68
  3-3. 主語廃止論と主語存続論 72
 4. 本セクションのまとめ 77

§3　三上文法各論 ―日本語学の土台としての三上― 78
 1. 陳述度（ムウ度） 78
  1-1. 主語廃止論と陳述度 78

1-2. 単式、軟式、硬式 81
　　1-3. 3式の構文的意味 86
　2.「象は鼻が長い」構文 92
　　2-1.「象は鼻が長い」構文とその類似構文 92
　　　2-1-1.「かき料理は広島が本場だ」構文 93
　　　2-1-2.「辞書は新しいのがいい」構文 93
　　　2-1-3.「花が咲くのは7月ごろだ」構文 94
　　2-2.「象は鼻が長い」構文をめぐって 96
　　　2-2-1.「象は鼻が長い」構文の分析とその批判 96
　　　2-2-2.「象は鼻が長い」構文の分析私案 98
　3. アスペクト、テンス、「ノデアル」................... 104
　　3-1. アスペクト 104
　　3-2. テンス 106
　　3-3. ノデアル（のだ）.............................. 112
　　　3-3-1.「のだ」の基本的な性格 113
　　　3-3-2.「のだ」の形態論的ステータスと
　　　　　　　テキスト的機能 114
　　　3-3-3.「のだった」の性質 117
　　　3-3-4.「のだ」の研究における三上の
　　　　　　　新しい位置づけ 119
　4. ピリオド越え 120
　　4-1. ピリオド越えとは 120
　　4-2. ピリオド越えとテキストの結束性 121
　　4-3. ピリオド越えに関わる問題 123

目次

  5．指示詞と承前詞 128

エピローグ —不振と不信は払拭されたか— **135**
 1．不振と不信 135
 2．三上と実用文法 136
  2-1．三上文法の特徴と実用文法 137
  2-2．なぜこのままではいけないか
     —三上の学校文法批判— 139
  2-3．文法教育の中のごまかし 141
  2-4．文法教育革新へのプログラム 143
 3．今何をなすべきか 144
  3-1．日本語教育のための文法 145
  3-2．国語教育のための文法 150
   3-2-1．英文法との協力—三上のバランス感覚— ... 152
 4．むすび 154

あとがき **156**

参考文献 **160**

索引 **167**

『象は鼻が長い』入門
―日本語学の父　三上章―

プロローグ
ー三上を知らない世代による三上文法理解の試みー

　本書は三上章(1903-1971)の文法論についての、21世紀初頭の現在における一つの理解の試みである。

　筆者が三上章について書くことになった経緯については「あとがき」で触れているのでここでは繰り返さないが、そこでも述べているように、筆者は三上文法の研究者ではない。

　三上の文法論については、MBK(三上文法研究会)などで研究が行われており、最近も山口光による研究が公刊されている(山口(2001))。

　そうした中で、三上の(あまり熱心ではない)一読者にすぎなかった筆者があえて三上について書こうと思ったのは、現在「日本語学」と呼ばれている学問分野[*1]の基盤となっている三上の考え方を自分なりに整理してみることに、現在的な意義を強く感じたためである。

　三上が亡くなったのは1971年である。筆者は1967年生まれであるから、三上の業績についてリアルタイムで知っているわけではない。昔のフォークソングの題名をもじって言えば、「三上を知らない子どもたち」に当たるわけである。筆者は大阪大

[*1] 「日本語学」という用語は、広義には現代日本語に関する様々な研究分野の総称として用いられる(cf. 庵(2012))が、本書ではこの語をより狭義に、現代日本語の文法研究を指す語として用いることにする。

学文学部の現代日本語学専攻の2期生であるが、全国的に見ても、学部から「日本語学」を専攻したのは筆者の世代からであると思われる。

周知のように、現在「日本語学」と呼ばれている研究分野の礎を作ったのは寺村秀夫である。このことは、現在「日本語学」と呼ばれている研究分野の30代後半から40代の研究者の中に、寺村の在職した、大阪外国語大学、筑波大学、大阪大学で寺村の指導を受けた人が相当数に上っているという事実からしても明らかである。その寺村に最も影響を与えた研究者はおそらく三上であろう。そのことは『続・現代語法序説』における寺村の「解題」によって知ることができる。つまり、三上は寺村と共に日本語学の礎を作った人物なのである。

筆者が現在の時点で三上の業績を振り返る必要性を感じたのは、「日本語学」という枠組みが初めから自明のものとして存在してきた世代に属するものとして、「日本語学」が目指したものを再確認しておきたいという気持ちからである。現在、日本語学は一種の停滞期を迎えている。現在の日本経済と同じく、出口の見えない混迷の中にあると言ってもよい。そうした中で、三上の業績を振り返ることによって、今後の進むべき方向性を考えてみたい。これが本書の最大の執筆動機である。

本書ではこうした動機付けに基づいて、三上の主要著作に見られる、三上文法の特徴を概観してみたい。ただし、その際の視点はあくまで筆者の個人的関心によって偏向しているこ

プロローグ

とを予めお断りしておく。筆者はこれまで、ハリディ（M.A.K. Halliday）の機能主義に親近感を持つ観点から研究を行ってきており、日本語教育における文法教育にも強い関心を持っている。本書の内容も、そうした視点から書かれている部分が多くなるものと思われる。また、テーマの取り上げ方やその記述の内容などの面で、多くの異論などがあるかと思われる。それらは筆者の浅学非才に起因するところが多いが、本書を、「三上を知らない世代の三上文法理解の試み」として見ていただければ幸いである。

　なお、本文中では敬称を省略する。また、三上の著書からの引用の場合、原文の表記にかかわらず、通常の漢字とひらがなを基調とする表記に改めた。

　（三上の文法論についての詳しい解説に益岡（2003）がある。より概略的なものとしては庵（2020a）がある）。

§1　三上文法の理念と構成

　三上章は生涯8冊の著書を残している(これ以外に、評論集『技芸は難く』(1940年に自費出版)と死後刊行された『三上章論文集』とがある)。

　その8冊は次の通りである(＜＞は本書での略称)。なお、＜序説＞＜新説＞＜続・序説＞は1972年にくろしお出版から再版されている。

(1)　現代語法序説－シンタクスの試み－＜序説＞1953年刀江書院
　　　現代語法新説＜新説＞　　　　　　　　　1955年刀江書院
　　　続・現代語法序説－主語廃止論－＜続・序説＞
　　　　　　　　　　　　　　　　　　　　　　1959年刀江書院
　　　(原題は『新訂版現代語法序説－主語は必要か－』)
　　　象は鼻が長い－日本文法入門－＜象＞　1960年くろしお出版
　　　日本語の論理－ハとガ－＜論理＞　　　1963年くろしお出版
　　　文法教育の革新＜革新＞　　　　　　　1963年くろしお出版
　　　日本語の構文＜構文＞　　　　　　　　1963年くろしお出版
　　　文法小論集＜小論集＞　　　　　　　　1970年くろしお出版

　本書ではこれら8冊の著作に表された三上の文法論について考えていくが、本セクションではまず、三上文法の理念と構成について考える。

1. 三上文法の理念

　三上文法の最大の特徴は何かと考えた場合、筆者は「日本語の事実に即して、日本語を考えようとしたこと」を挙げたい。

　三上の最大の業績である主語廃止論については§2で詳述す

§1　三上文法の理念と構成

るが、ここでは三上自身のことばによって、主語廃止論において三上が述べたかったことを考えてみることにしたい。

　まず、『論理』にある次の発言に耳を傾けてみよう。

（1）西洋文法の主語とは、動詞を支配するものにほかならない。それは次のような条件を満たすものである。

　　　□は述語(finite verb)と呼応し、□以外の成分(たとえば目的語など)は述語と呼応しない。つまり□だけが述語と呼応する。

　　　この空箱に入れられる文法的成分がもしあれば、それと述語との呼応関係が主述関係であり、したがってそれが主語ということになる。

　　　この空箱に入れられる成分があるかないかは、国々の言語習慣次第であって、アプリオリの問題ではない。日本語は、空箱に入れられるような成分がない。

（『論理』pp.67-68）

（2）　「主語」は、日本語に一言の相談もなく作られた概念である。だから、これを日本文法に適用するためには、Xガの全部とXハの過半数(それにXモ、Xコソ、Xダケ、Xシカ等々のそれぞれ何割かずつ)を一括するという形式無視を強行しなければならなかった。日本語の形式無視は、日本人の言語心理に対する不法であって、それでは日本文法にならない。そもそも「文法」にならない。

> 　主語(自縛的な主語)と述語が主述関係をなすのは、ヨオロッパ語の習慣的事実ではあるが、それ自身が論理的なのではないし、またそれが人類言語の普遍的な規範でもないことを十分に理解されたいのである。
>
> 　　　　　　　　　　　　　　　　(『論理』pp.174-175)

　ここに見られる三上の態度は日本語の言語事実から出発したものである。詳しくは§2で考えるが、ここでの三上の「主語(subject)」の定義は一般言語学的に見ても妥当なものであろう(cf. Li & Thompson(1976))。そして、その観点からすると、必然的に「日本語には主語がない」という結論に至ることになる [*2]。その上で、三上は「主題=解説関係」が日本語の中心的な論理であることを示し、「主語がない=非論理的である」といった俗説を退けるのである。

　こうした三上の学問に対する態度は、当時の国語学界よりも、海外の文法研究者や他の学問分野の研究者から注目されていたようである。ここでは、仏文学者で文化勲章受章者の桑原武夫の手による三上の追悼文の一部を引用し、そのことを知る一つの手がかりとしたい。

　(3) 三上章が死んだ。『象は鼻が長い』『日本語の構文』など彼の作品の発行元である「くろしお出版」から、三

---

*2　三上と同じ土俵で考える(つまり、「主語」を「文法的主語」の意味で考える)立場に立ちながらも、三上とは異なる結論に達しているものに、原田信一や柴谷方良らのものがある。これについては§2で考える。

§1　三上文法の理念と構成

> 　上が九月十六日になくなったので、東京で追悼会をするという知らせをもらって驚いた。そして悲しかった。
> 　私は新聞の熱心な読者ではないから、自信を持ってはいえないが、関西の大新聞で、この第一級の日本語文法学者の死を報じたものはなかったように思う。東洋さらに日本の、あらゆるものを西洋の基準ではかり、それに合わぬものを低級視する西洋崇拝思想に反撥して、世界の場で日本を日本として認めようとするものとして、土着主義というものが戦後十年を経て生まれ、これはジャーナリズムも十分に認めているのだが、三上がその先駆者の一人であることをジャーナリストは知らないからである。
>
> （桑原武夫「閑話　三上章を惜しむ」『展望』昭和47年1月号）

同じ文章によると、今西錦司（三高での三上の同級生）、梅棹忠夫、鶴見俊輔らも三上を高く評価していたという。

また、久野暲は『三上章論文集』の「序」の中で、三上を「現代日本文法研究の父」と書いている。

こうした「外部」での名声に比べて、国語学関係の分野においては三上の諸説は高く評価されていたとは言えないようである[3]。その大きな理由は、三上が「アマチュア」であり、学界の中心にいなかったという事実ではないかと思われる。

---

[3] ただし、金田一春彦（『新説』の「序」を書いている）や林大など一部には三上の学説を早くから高く評価していた人もいた。

1. 三上文法の理念

　三上は東京帝大の建築科を卒業後、旧制中学の数学教師となり、『序説』刊行当時、大阪府立山本高等学校で数学を教えていた。つまり、三上は日本語文法の世界における「アマチュア」だったわけである。もちろん、オリンピックのアマチュア規定と同じく、どういう人をアマチュアと呼ぶかについては難しい点もあるが、少なくとも、文法を教えることによって生活の糧を得ていなかった、さらに、大学に職を持っていなかった三上は、今日の基準からしても、当時の認識からしてもアマチュアであったものと思われる。

　そして、このアマチュアであったという事実（特に、大学教師でなかったこと）が三上の主張が生前広く受け入れられなかったことの大きな原因であったことは間違いない。前出の桑原の文章の最後の部分には次のようなことが書かれている。

　(4) 高校教師生活についてグチをこぼしたことは一度もなかったが、女子大学の国語学教授になったのは嬉しかったらしい。あの淋しい顔をほころばせて、これからは勉強できるんでね。大学教授というのは楽な、いい職業だね、と率直にいわれて、三十年もその職にあった私は恥ずかしい気がした。（同上）

　さらに、こちらの方がより重要なことだが、三上の主語廃止論は決して「奇説」ではなく、当時の学会の大御所である橋本進吉や時枝誠記もそれに近い発言をしているのである。

§1　三上文法の理念と構成

 (5)　実をいえば、私も、主語と客語・補語や修飾語との間に、下の語に係る関係において根本的の相違があるとは考えないのであります。

      （橋本進吉『別記口語編』。『革新』p.13 より）

 (6)　述語に対する関係を以上のように見て来るならば、主語は、後に述べる述語の連用修飾語とは本質的に相違がないものであることが気づかれるであろう。

      （時枝誠記『日本文法口語編』。『革新』p.16 より）

　これらの意見、特に時枝のものは主語廃止論と紙一重の違いである。もし、「主語廃止論」を、橋本や時枝が述べていれば三上が受けたような抵抗を受けることはほとんどなかったのではないかと思われる。つまり、三上の「主語廃止論」が普及しなかった最も大きな理由は、その内容が突飛だったとか、用語が難解すぎたとかいうことではなく[*4]、三上が一介の高校の数学教師だったためであると言えるのではなかろうか。

[*4]　三上の著作にも用語の難解さが多々見られる。特に、それは『序説』において著しい。しかし、少なくとも主語廃止論に関しては、三上自身、『象』や『革新』などを著して、用語の難解さによる問題を解消しようと努めているし、その試みは成功していると思われる。

2．三上文法の構成

　ここでは三上の文法論の構成を見ていくが、前掲の三上の8冊の著書は次のように位置づけられるように思われる。

　（1）全体像としての『序説』『新説』
　　　各論としての『続・序説』『論理』『構文』
　　　啓蒙書としての『象』『革新』
　　　遺言書としての『小論集』

『序説』と『新説』についてはこの後詳しく述べるが、この2冊は三上文法の全体像を示しているものと言える。ある意味で、三上の考えの核心はこの2冊で述べられており、その後の著作の目的はその考えをより多くの読者にいかに理解させるかということだったようにも見える。

2－1．各論としての『続・序説』『論理』『構文』

『続・序説』からの3冊は各論に当たる。

『続・序説』は本来は『序説』の改訂版として書かれる予定だったが、大きく構造が変わり、最終的には主語廃止論に特化した別の著書になったもののようである[*5]。主語廃止論に特化したのは、それが三上にとって最も大きな問題であったためであ

---

*5　これに関して、三上自身は『小論集』の中で次のように述べている。
　Op.1［＝『序説』］とOp.3［＝『続・序説』］は同名異著である。異名同著というのはちょいちょいあるようだが、同名異著というのは珍しく、それゆえ失敗だった。（『小論集』p.5）

§1　三上文法の理念と構成

る。この本はそうした三上の意図が反映してか『序説』よりずっと読みやすくなっている。ただ、テンス・アスペクトや「ノデアル」の問題などが切り捨てられてしまったことなど、『序説』にある行間の深さがやや失われているようにも思われる。なお、この本にある寺村秀夫の解題は三上の理解にとってだけではなく、寺村の三上観を知る上でも貴重な資料である。

　『論理』は1963年に刊行されている。この年、三上は3月に『論理』、6月に『革新』、12月に『構文』を相次いで刊行している。

　『論理』は数学教師としての三上の素養が現れた本である。三上は一貫して主語廃止論を唱えた。それに対する反応は必ずしも大きくなかったようだが、その中に、「主語がない＝日本は非論理的」といったものがあった。『論理』はこうした俗説に抗するために書かれたものである。

　この本で三上は論理学の問題を正面から考えている。そして、論理学で言うsubject(「主辞」)は言語学で言う「題目」に相当するものであり、ヨーロッパ言語の「主語」に当たるものではないことを論じている。次の記述にその主張がよく現れている。なお、これに先立つ部分では、当時の英文法では一般的に"subject"が"word or group of words of which something is said or asserted"といった形で規定されていたことが述べられている。

　　(2)　　What killed the cat?
　　　　　これを、what について何かを述べたものというの

はデタラメである。(略)ヨオロッパ文法で主語と呼んでいるところのものは、構文論的には、(略)動詞を支配するものであり、内容は動作者、状態者、資格者(doer, be-er)にほかならない。必ずしも一文の題なのではない。ただし be-er や do-er は一文の題になることが比較的多い(七割以上?)ので、ずるずるべったりに subject を使い続けているまでである。

(『論理』p.65-66)

そして、松下大三郎の「いわゆる論理学的主語は題目語と称すべきである。(略)これは文法学的主語、(略)とは違う」(松下(1928:30))という主張に賛同して、次のように述べている。

(3) 文法上の主述関係というのはヨオロッパ人の癖なのであるから、わけもわからずにありがたがってはいけない、と私も強調したい。[上掲の引用部分で松下は]主辞は題目語(主語ではなく)と称すべきだと主張しているが、同感のいたりである。 (『論理』p.77)

この三上の主張の中に本セクションの最初で引用した桑原の文章の中にある「土着主義」を読み取ることは容易であろう。また、こうした考え方の背景に数学的な合理性を尊ぶ三上の姿勢が見える。これに関連して、前掲の文章の中で桑原が次のようなエピソードを紹介している。

(4) 彼は特に数学に優れていたが、試験で問題を解くさ

§1 三上文法の理念と構成

> い、教師が教室で教えたのとは違う解き口を見出そうと努力し、おおむねそれに成功したようだった。そのうち彼は既知数をa b c……とし、未知数をx y zとするのは日本人としておかしいのではないかと感じはじめた。そして、「イ・ロ・ハ」と「セ・ス・ン」を使い出した。(略)教師はひどく怒ったらしいが、三上は冷ややかに「数学として正しく解けていれば、それでいいでしょう」と答えた。彼の解答にミスは一つもなかったのだという。
>
> (桑原武夫「閑話 三上章を惜しむ」『展望』)

ここにも、既存の権威を疑ってかかる三上流の合理主義的考え方が見えるが、三上が「主語」という当時の日本の(あるいは世界の)文法理論で不可欠と思われていた概念の存在を否定できた背景にはこうした精神構造があったものと思われる。

続く『構文』は陳述度に関する現象にかなり特化したものである。ここで三上は「区切り」という概念を用いて構文論を展開している。「区切り」について具体例を用いて考えてみよう。

今、(5)a, bのような節の組み合わせがあったとすると、それぞれの通常の結びつきは(6)a, bのようであり、(7)a, bのようではないと考えられる。

(5) a. 〜なら、〜から、〜せよ。

　　b. 〜から、〜なら、〜せよ。

(6) a. (〜なら、〜から)、〜せよ。

b. (〜から)、(〜なら、〜せよ)。
(7) a. (〜なら)、(〜から、〜せよ)。
       b. (〜から、〜なら)、〜せよ。

　このように、「〜から」は「〜なら」よりも前の節を引きつける力が強く、逆に後の節と反発する力が強いが、このことを、「〜から」は「〜なら」よりも「区切り(の力)」が大きいと呼ぶ。これは、『序説』で打ち出された「単式、軟式、硬式」の区別をより精緻化する試みであり、結果として、南(1974)による従属節のA類、B類、C類の分類、及び、それぞれの従属節は自分と同じかそれより小さい従属節しか中に含むことはできないという考え方に近いものとなっている。

　§3で見るように、日本語では単文か複文かを二項対立的には規定できない。これは「日本語には主語がない」ということの(重要な)帰結の一つである。これを踏まえて、日本語の従属節について考えたのが、三上の陳述度の考え方である。陳述度は「単式、軟式、硬式」の順で高くなる(詳しくは§3で述べる)が、『構文』では、それぞれを代表するムードとして、「中立法、条件法、終止法」を取り上げ、それぞれの特徴を検討している。

　中でも特に興味深いのは中立法(テ形、連用形で表される)の部分である。三上は中立法には2つの特徴があるとする。一つは主節のムードに一致するということであり、もう一つは補語の通過を許すということである。例えば、(8)の「彼に会って」が「彼に会おう」の意味になるのが主節のムードに一致すると

§1　三上文法の理念と構成

いうことであり、主節が「彼にそのことを伝えよう」という意味になるのが補語の通過を許すということである。

　(8)　彼に会って、そのことを伝えよう。　　（『構文』p.85）

　この2つの性質は「他に邪魔が入らなければ」守られるというものである。例えば、(9)では「飲む」がニ格を補語に取らないため、「彼に」はテ節を通過したあと立ち消えになる。

　(9)　彼に会って、いっしょに酒を飲んだ。

また、次のような現象もある　((10)(11)とも『構文』p.87)。

　(10)　彼が来て、相談をまとめるだろう。

　(11)　彼が来ては、相談がまとまらないだろう。

(10)の従属節は「彼が来るだろう」という意味であるのに対し、(11)のそれは「彼が来るだろう」と言っていることにはならない。これは、いわば「は」が蓋をして、ムードの遡及を阻んでいるということである。

　こうした現象は重要な構文論的事実であるが、その後の研究で受け継がれているとは言えないように思われる。

2−2．啓蒙書としての『象』『革新』

　三上の著作は難解なことで知られている。実際、三上自身の著作にもそのことが触れられている部分がある（例えば、『続・序説』pp.199-201）。

　そうした三上であるが、自説の内容を普及させることに熱心でなかったわけでもなく、自説の敷衍を目的として2冊の啓蒙

書を書いている。『象は鼻が長い』(『象』)と『文法教育の革新』(『革新』)である。

このうち、『象』は三上の著作中最も広く読まれているものである(本書執筆時現在 27 刷)。この本の大きな特徴はデス・マス体で書かれていることである。これは『革新』とも共通するが、三上が(学者ではなく)一般の読者を意識していたと考えられる。この本については§2で詳述するし、野田(2002a, b)などの優れた解説もあるので、ここではこれ以上述べない。

『革新』も主語廃止論に関するものだが、こちらは国語教育に対する問題提起を主たる目的としている。こちらの方はあまり反響を呼ばなかったようである(本書執筆時現在絶版)が、そこに込められた思いは現在にも通じるものがあると思われる。これについてはエピローグで取り上げる。

2−3. 遺言書としての『小論集』

『小論集』は三上が亡くなる 1 年前に刊行されたものである。「論集」とあるように、それまでの著作よりも雑多な話題について論じている。そして、それ以上に感じるのはこれまでの著作の「まとめ」的な印象である。例えば、「12 文法用語のこと」のあたりにそうした雰囲気を感じる。もちろん、個々の章で論じられている内容には三上らしい鋭い指摘が随所に見られる。特に「付録三題」の部分は奇抜だが面白い。

§1 三上文法の理念と構成

3.『序説』をめぐって

この3と次の4では三上文法の全体像を示す著作である『序説』と『新説』についてそれぞれ詳しく見ていくことにする。

3-1.『序説』の構成

最初に『序説』について考える。『序説』の構成は次のようになっている。

(1) 第1章　私の品詞分け
　　第2章　主格、主題、主語
　　第3章　活用形の機能
　　第4章　単式と複式

第1章は品詞論である。三上の品詞分類は次のようになっている(『序説』p.6)。

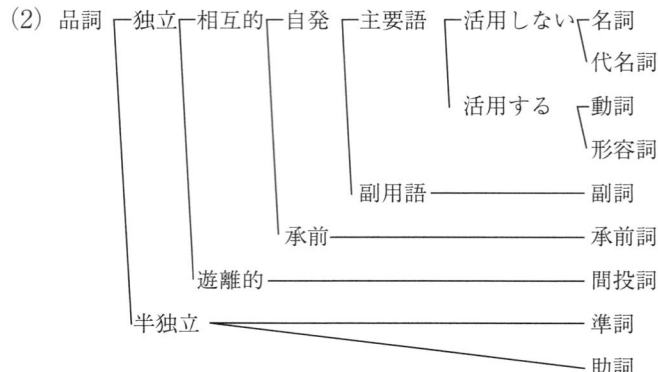

3.『序説』をめぐって

　このうち、名詞、動詞、形容詞[*6]、副詞、間投詞については学校文法などの品詞とほぼ同じと考えてよい。また、「承前詞」は基本的には「接続詞」と同じである（承前詞に関する問題については§3で考える）。

　少し注釈が必要なのは「代名詞」「準詞」「助詞」であろう。

　まず「代名詞」だが、三上の代名詞の定義は次のようである。

　(3)　代名詞は境遇性を持つ記号である。（『序説』p.34）

　ここで「境遇性」というのは次のような現象である。次の(4)Aの「それ」と(4)Bの「これ」は同じ対象を指しているが、話者が変わるという場面の変化に応じて語形が変わっている。

　(4)　A：(Bの腕時計を指して)<u>それ</u>どこで買ったの？
　　　　B：<u>これ</u>は銀座の和光で買ったんだよ。

　こうした現象を三上は記号の境遇性と呼んでいる。これは直示(deixis)と呼ばれている現象に当たる（直示についてはLevinson(1983)などを参照されたい）。

　代名詞は名詞ではあるが、一般の名詞が独自の指示対象を持つ（「犬」という語には特定の指示対象（心的イメージ）がある）のに対し、代名詞は常に何かを指す（照応する）ことによって初

[*6]　三上は学校文法で言う形容詞と形容動詞を一括して「形容詞」と呼んでいる。さらに、学校文法で言う形容詞を「イ形容詞」、形容動詞を「ナ形容詞」と呼んでいる（『新説』p.41）。この呼び方は現在の日本語教育では一般的であり、日本語学関係の書物でも一般的になりつつあるが、三上の用語法は極めて早い時期のものであるように思われる。

§1　三上文法の理念と構成

めて指示対象を持つ(「これ」や「それ」という語の指示対象を考えることはできない[*7])という点に特徴がある。

次に「準詞」だが、これは次のように定義されている。

(5) それ自身としては独立して使われない小形の語詞で、先行の語句をたゞちに受けて、その全体をあたかも一つの品詞のようにするもの、これを「準詞」と名づける。　　　　　　　　　　　　　　　　　　(『序説』p.26)

例えば、(6)の「の」は「林さんが部屋に入る」という文を名詞にする機能を持つので準詞(厳密には「準名詞」)である。

(6) 林さんが部屋に入る<u>の</u>を見た。

準詞は広義の接尾辞だが、狭義の接尾辞とは異なり、意味の特殊化をもたらさない(cf.『新説』p.73ff.)。例えば、「八百屋」の「屋」は一定の意味を持つ接尾辞であるが、「八百屋」の意味は「八百+屋」という組み合わせで得られるわけではない。これに対し、「殴られる」の意味は「殴る+れる」という二つの要素から構成的(compositional)に得られる。従って、「屋」は(狭義の)接尾辞であるが、「(ら)れる」は準詞である。準詞は学校文法などで言う助動詞、形式名詞(佐久間鼎の言う吸着

[*7]　強いて考えれば、「これ」は話し手の近くにある何か、「それ」は聞き手の近くにある何かといったことになるが、これと、「犬」などの普通名詞、「田中さん」のような固有名詞の指示対象とは質的に異なると言える。

3.『序説』をめぐって

語)と一部の接尾辞を含む[*8]。

次に助詞だが、三上が助詞と認めるのは次の4つである。

(7) 格助詞、係助詞、終助詞、接続助詞

このうち、格助詞と係助詞は「名詞が名詞らしいはたらきをするためにまず必要とする接尾辞」で、終助詞と接続助詞は「動詞が動詞らしいはたらきをした後に添えられる接尾辞」である。

接続助詞以外はほぼ学校文法などと同じだが、接続助詞の定義はそれとは異なる。三上が接続助詞と認めるのは終止形に接続するもの(「が／けれど、から、し」)だけである。接続助詞をこのように考える背景には陳述度に関する考え方が反映しているが、これについては§3で述べる。

『序説』の第2章では「主格、主題、主語」というテーマが扱われている。これは主語廃止論の根幹をなすものであるので、§2で詳述する。

続く第3章では活用及び活用形の問題が扱われている。三上は活用をムードとテンスの組み合わせからなる2次元的なものと考えている(『序説』p.164ff.)。三上の活用表は次のようなものである[*9](cf.『新説』p.144)。

[*8]「だ／です／である」は準詞であるが、三上は、「のだ(のです、のである)」を「準詞＋準詞」ではなく、全体で一つの準詞としている(「わけだ、はずだ」などはそのように扱っていない)。なお、「楽しさ」などの「さ」、「楽しげ」の「げ」なども準詞である。

[*9]『序説』では「基本時、完了時」がそれぞれ「現在時、過去時」になっている。その他、用語に異同がある場合は『続・序説』の用語に従う。

§1 三上文法の理念と構成

(8)

ムード＼テンス	基本時	完了時
語幹	yom-	yond-
中立形	読み	読んで
自立形	読む	読んだ
条件形	読めば	読んだら
推量形	読もう	読んだろう
命令形	読め	

　なお、これらの活用形の用法は「条件法、命令法」などとなる。自立形には、学校文法の終止形が表す「終止法」、連体形が表す「連体法」と「不定法」がある。不定法というのは（9）の「来る／来た」のように「デス・マス」の形との対立を持たない用法である。日本語教育ではこうした形を「普通形（plain form）」と呼んでいる（cf. 庵（2002b））。

　（9）田中さんはパーティーに ｛来る／来た｝ と思います。

　この第3章ではこれらの活用形が文的度合いの程度（陳述度）から詳しく考察されている。これはそれ以降の文法研究に大きな影響を与えたものであるが、詳しくは§3で見る。また、テンス、アスペクト、「ノデアル」についても興味深い指摘が行われているが、これについても§3で考えることにしたい。

　『序説』の第4節では様々な統語現象が扱われている。その

例えば、三上はこの本で、文を次のように分類している。

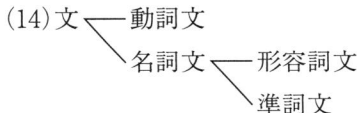

このように、現在の用語で言う形容詞文と名詞文を一括して「名詞文」と呼ぶのは一般的ではないが、「は」と「が」やテンスなど、形容詞と名詞が同じような振る舞いをすることが多い点を考えると、この分類は重要なものであると言えるのではなかろうか。同様のことは、次の動詞分類にも言える。

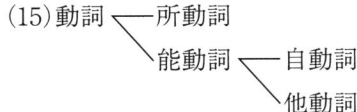

三上自身はこの分類を受身の可否に基づいて考えている[*10]。そのため、後年この分類を放棄することになる(cf.『小論集』p.192)が、所動詞が「ニーガ」の語順を基本語順とすること、所動詞の主格(所動主格)は複合語となり得る(ex. 腹立ち、雨降

[*10] 受身にならないのが所動詞、受身になるのが能動詞、間接受身(はた迷惑の受身)にしかならないのが自動詞、直接受身(まともな受身)になり得るのが他動詞というのがその分類であるが、所動詞は受身にならないというのは「雨に降られる」のような例外があるだけでなく、原理的にはどのような動詞が表す現象でも「はた迷惑」になり得るはずであるため、分類の基準にはなり得ない。このことには三上自身も気づいており、「わたしは前に、この基準[受身の可否]で能動詞と所動詞とを設けたが、それは無理だった」(『構文』p.3)と述べている。

§1 三上文法の理念と構成

り)が能動詞の主格(能動主格)は複合語となり得ない(例えば、「女が遊ぶ」ことを「女遊び」とは言わない)こと[*11]など、所動詞と能動詞を区別することは重要である。

また、三上は英語における次例のような倒置は"normal and usual"であるとし、これらは英語における無題文であるとしている。同様の見方は野田(1996)がスペイン語の自動詞文について述べているが、これらは「主題」という概念を対照言語学的に考える上で重要な視点である。

(16) Now listen. In the country, close by the roadside, <u>stood</u> a pleasant house; you have seen one like it, no doubt, very often. In front, <u>lay</u> a little garden enclosed in palings and full of beautiful flowers. Near the hedge, in the soft green grass, <u>grew</u> a daisy.

(Andersen: The Daisy 『序説』p.86)

このように、『序説』は多分に難解な点は含んでいるものの、三上の考え方を知る上で、また、研究のヒントを得る上で極めて重要な著作であると言える。

[*11] これは「非対格性の仮説」(cf. 影山(1993))に関連する現象である。

4.『新説』をめぐって

次に『序説』の2年後に出版された『新説』について考える。

4－1.『新説』の構成

『新説』も『序説』と並んで三上文法の全体像を表している。この本は次のように前編、中編、後編に大別されている。

(1) 序章　文法用語など

　　前編　品詞の問題
　　　第二章　何を単語と見なすか　第三章　名詞
　　　第四章　動詞　　第五章　形容詞と副詞
　　　第六章　代名詞と承前詞
　　中編　敬語の問題
　　　第七章　敬語の心理第　　八章　敬語の種類
　　後編　構文の問題
　　　第九章　センテンスの性質　　第十章　センテンスの構造
　　　第十一章センテンスの内部　第十二章　センテンスの前後
　　　第十三章句読法新案　　第十四章　疑問文の形式

前編では品詞の問題が掘り下げられている。

まず、名詞に関しては格の問題が主に扱われている。三上は次の8つの格を認めている。

(2) 上位の四格(major cases)

　　時の格(φ)　位格(ニ)　主格(ガ)　対格(ヲ)

　　下位の四格(minor cases)

　　与格(ヘ、第二位格)　奪格(カラ、第三位格)、

　　共格(ト)　具格(デ)

§1 三上文法の理念と構成

ここで、「第二位格」というのは「～に教える、～にやる」のようないわゆる相手を表すニ格である。一方、「第三位格」というのは「～にもらう」のようなカラ格に置き換え得るニ格や、「～に殴られる」のような受身の動作主を表すニ格である。なお、三上は(時枝と同じく)次のような「に、と、で」を準詞(時枝では「辞」)としている(cf.『新説』p.115ff.)。

(3) 政治家<u>に</u>なる　花<u>と</u>散る　変人<u>で</u>通っている

こうした「に、と、で」は記述文法の中で扱いが難しいものだが、ここで三上が挙げている基準は興味深いものである。

続く動詞の部分では活用の問題が扱われているが、それに先だって三上は動詞の基本的な機能を統括作用(『序説』では「統覚作用」としていたのを改めている)と陳述作用に分けている。

統括作用というのは動詞が補語や副詞などを統合する働きのことであるが、この際、日本語では主格補語も動詞に統括されるのに対し、ヨーロッパ語では主格補語は動詞に統括されることはなく、逆に動詞を統括する[*12]。三上自身が述べているように、三上の「主語廃止論」は「日本語動詞のこの特性を指摘しただけのもの」(『新説』p.135)なのである。

統括作用は命題の形成に関わるのに対し、陳述作用はムードの形成に関わる。この点を英語の例で考えてみよう。

[*12] 動詞を統括するとは§2の言い方で言えば、動詞と一致するということである。

(4) You may go home.

(5) you go home + may (= I permit)

(4)の英文は"you go home"という命題にmayという助動詞が表す陳述作用が加わって成立している。ここでは助動詞が陳述作用を担い、不定形の動詞は統括作用だけを担っている。

英語ではこうした分業制が可能だが、日本語は膠着語であるため、こうした「分業」ができない。つまり、「陳述」は程度性を持っている。三上はこの点を「ムウ度」という表現で表している。この点については§3で改めて考えることにする。

以上のことを踏まえて活用について考えると、活用というのは統括部分を共有する動詞が異なるムウ度を表すための手段ということになる。例えば、(6)では下線部が「読む」という動詞の統括作用を、｜ ｜内の活用語尾が陳述作用を表している。

(6) <u>もっと本を読 m-</u> ｜i ／ eba ／ u ／ e ／ ô｜
　　　統括作用　　　　　　　陳述作用

第五章では形容詞と副詞の認定の問題などが扱われている。

第六章では「代名詞と承前詞」の問題が扱われている。承前詞というのはほぼ接続詞に相当するものである。この部分で、指示詞研究史上有名な二重の二項対立(double binary)の考え方が提示されている。つまり、日本語の指示詞はコソアの順に近中遠というふうに対立しているのではなく、話し手と聞き手が離れた位置にある場合は(7)のような楕円型の対立が見られる(「対立型」の視点)のに対し、話し手と聞き手が並んだ位置に

§1 三上文法の理念と構成

ある場合は(8)のような同心円的な対立になる(「融合型」の視点)のである。

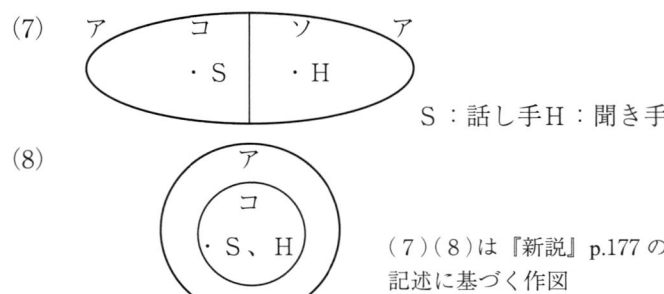

S:話し手 H:聞き手

(7)(8)は『新説』p.177の記述に基づく作図

こうした現場指示の場合、融合型でソ(中称)が現れたとしてもそのソは具体的な指示性を持たない。例えば、(9)Bの「そこ」は具体的な場所を表していない(「あそこ」にすると具体的な場所を指すことになる)。

(9) A:お出かけですか。

　　　B:ちょっと、そこまで。

中称のソはこのように具体的な指示対象を持たないが、そのことによって文脈指示で使えるようになる。承前詞(接続詞)にはソ系のものが多い(それで、それなら、それから、それにetc.)が、これはこうした理由による[*13]。このあたりの点については§3でもう少し考えることにする。

---

*13　ただし、文脈指示でコ系統が使われないというわけではない。「この」と「その」の対立の一部(指定指示)では、「この」の方が無標である(cf. 庵(2002a))。

中編では敬語の問題が扱われている。

敬語の用法の分類については、尊敬語、謙譲語、丁寧語の三分類に対する批判が強いが、三上もいわゆる謙譲語を解体して、「押上げ」(関係的謙譲)と「へり下り」(絶対的謙譲)に分けている[*14]。その結果、敬語の用法は次のようになる。

(10) 見上げ(尊敬甲)

　　押上げ(尊敬乙、持上(もた)げ)

　　へり下り

　　丁寧さ

敬語法は三上の重視した文法現象で、『論理』『小論集』でも取り上げられている。特に、いわゆる謙譲語の扱いが重視されている。三上は「謙譲語」は尊敬語であるとする。例えば、(11)aと(11)bの違いは敬意の対象の格の違いであるとする。

(11) a. 田中先生が太郎に本を<u>お貸しになった</u>。

　　b. 太郎が田中先生に本を<u>お貸しした</u>。

つまり、(11)aのようないわゆる尊敬語は主格に対する尊敬であり、(11)bのようないわゆる謙譲語は目的格(主格と一部のニ格を除く格)に対する尊敬であると見るのである。その根拠の一つとして(11)a, bに「尊敬」の接辞「お」が付いていることを挙げている。そして、「謙譲語」という考え方が出てきたのは「主語」を基準にしたためであり、この点からも「主語」

[*14] 目的格尊敬は『新説』では「押上げ」、『論理』では「持上げ」、『小論集』では「尊敬乙」と呼ばれている。

§1 三上文法の理念と構成

という考え方は廃するべきだとしている(『論理』p.242)[*15]。

次に、「いたす、申す」などの扱いだが、三上はこれを丁寧語のパラダイムの中に位置づけている(cf.『論理』p.256)。

(12)

	ただ (非丁寧)	丁寧	御丁寧	御々丁寧
見上げず (非尊敬)	する	します	いたします	仕ります
見上げ (尊敬)	される	されます	なさいます	遊ばします

つまり、「いたす、申す」の類は丁寧語の一種であると考えるのである。これはこれらの類を「丁重語」として区別する考え方と基本的に同じであり、現在では主流の考え方である(三上の敬語論については、菊地(2004)に非常にわかりやすい解説がある。

後編では本格的な構文論が展開されている。

最初の第九章では文の種類が論じられているが、そこで三上は次の5つの基本文型を挙げている。

(13)一．能動詞文(ひばりがさえずっています。)

　　二．所動詞文

　　　　(人生には、苦しいことも楽しいこともあります。)

[*15] いわゆる謙譲語に関する三上の考え方については『論理』p.241以下も参照されたい。

三．形容詞文(菜種は、花がうつくしいです。)
　　四．準詞文(あれは戦力なき巡洋艦です。)
　　五．特殊な準詞文(私が当番です。)

　上述のように、所動詞は「ニーガ」を通常とする場合があるなど、能動詞とは異なる振舞いをすることが多い。

　四の準詞文(一般に言う名詞文)には措定文と指定文という区別がある(この区別については『序説』p.44 以下も参照)。措定文というのは「AはBだ」においてBがAの属性を表すものであり、Bは名詞であるが形容詞的性質を持っている。

　(14) a. イナゴは害虫だ。

　　　b. 太郎は病気だ。

　　　c. 太郎は幹事だ。

　措定文ではAとBを入れかえて「BがAだ」とは言えない。

　一方、指定文というのは「AはBだ」においてBがAであるものを特定する、つまり、「A = B」である場合である。

　(15) a. 日本の首都は東京である。

　　　b. 庵は私です。[*16]

　　　c. 私が探していた本はこれです。

---

*16　よく似た形だが、「私は庵です。」は措定文である。固有名詞は属性の一種と考えることができる。一方、代名詞はそのように考えることはできない。この点を捉えて三上は代名詞を「指定にしか使われない」名詞と規定している(『序説』p.46)。

§1　三上文法の理念と構成

　指定文は一致関係が成り立つ場合であり、「BがAだ」と言い換えられる（上記の基本文型の五はこの場合に当たる）。

　　(15) a. 東京<u>が</u>日本の首都である。

　名詞文における措定と指定の区別の重要性は後年、西山(1985)、上林(1988)などによって指摘されている。

　続く第十章では「単式、軟式、硬式」の区別が述べられている。これは、陳述度に関する最も重要な概念である。この区別については§3で改めて考え、ここでは例を挙げるに留める。

　　(16) a. 太郎が部屋に入る<u>ために</u>ドアを開けた。
　　　　b. 太郎が部屋に入る<u>ので</u>ドアを開けた。
　　　　c. 太郎が部屋に入る<u>から</u>ドアを開けた。

　a〜cを比較すると、aではドアを開けたのが「太郎」である解釈が強いのに対し、cではドアを開けたのは太郎以外の人であり、bはcと同じ解釈が強いものの、aの解釈の可能性を残している。a〜cがそれぞれ、単式、軟式、硬式の例である。

　また、これ以外に間投用法などに当たる遊式がある。

　こうした研究は構文論を操作的に考えていく最初の試みであると言える。三上自身次のように述べている。

　　(17) 私の四式に類する何らかの諸式を立て、それによって法則を発見し、集め、そして箇条書きにして並べていくというようにしないと、日本文法はでき上がらないだろう。要は、係りの係り方の様式の研究に努力されたいというのである。　　　　　　　　（『新説』p.280）

次の第十一章では「開き(オウプン)」と「閉じ(クロウズド)」という概念が述べられている。この概念は『序説』にも出てきているが、率直に言って、『序説』だけではこの概念はわからない。少なくとも筆者にはそうである。その点、『新説』の説明は具体的でわかりやすい。

(18) 彼は、一等になって、大いに喜んだ。

(19) 彼は、「一等になる」と、断言した。

(18)の「なる」の主体は「彼」に限られているが、(19)の「なる」の主体は「彼」に限られない。こうした現象を三上は「開き」と「閉じ」という概念で説明している。

日本語の文の修飾 − 被修飾の関係は次のように表せる。

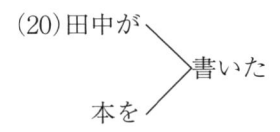

(20) 田中が ＼
　　　　　　＞書いた
　　　本を ／

ここで、文の主筋をなすものを木の幹に、修飾する部分を枝に見立てると次のようになる(ただし、印刷の関係上、木を寝かせた形になる)。また、話の方向は「話線」と呼ばれている。

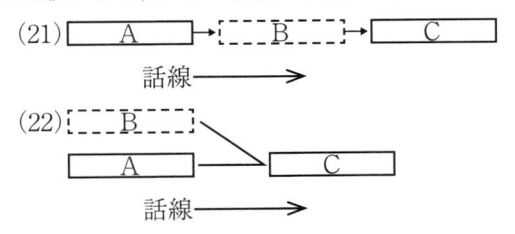

(21) [A]→[B]→[C]
　　　　　話線 ——→

(22) [B]
　　　　　＼
　　　[A]——[C]
　　　　　話線 ——→

(21)の図式のようにＢがＡとＣの間に割り込む形になる場合、Ｂは話線の方向に対して「開いている」と言い、(22)のように枝の形で外に出ている場合にはＢは話線の方向に対して「閉じている」と言う。開き方、閉じ方にはそれぞれ「全」と「半」があり、全体として、「全開き、半開き、半閉じ、全閉じ」の４つのパターンに分かれることになる。こうした区別が反映する現象として、三上は次のようなものを挙げている。

(23)あの小説φ、もう読んだ？（全開き）

(24)あの小説φ読んだら旅行に行きたくなった。（半開き）

(25)あの小説φ読んだ人はどれぐらいいるんだろう。

（半閉じ）

(23)〜(25)で無助詞は全て可能だが、(25)→(23)の順で無助詞でない方が座りがよくなる（(23)では「は」も「を」も使いにくい）。(23)のような全開きで無助詞が可能である理由を三上はこうした場合は話者の言いたいこと（話線）が初めから決まっているためであると考えている。

続く第十二章では承前の問題が扱われている。三上は承前に、代表と代理の二つの種類を認めている。

代表というのは、次例の下線部の「書いた」のようなものである。この「書いた」は先行文の「多くの本を書いた」を受けているが、その受け方は先行文の動詞句の一部を繰り返して動詞句全体を代表するという方法である。

(26)彼は多くの本を書いた。書いたが、売れなかった。

4.『新説』をめぐって

これは英語で代動詞 do を使うのに似ている(do の用法については Halliday & Hasan(1976)の "substitution" の部分を参照されたい)。

(27) If she does not deserve to be happy, who does?

(『新説』p.327)

これに対し、次例の「それ」は「多くの本」を指している[*17]が、こうした承前のあり方を三上は代理と呼んでいる。

(28) 彼は多くの本を書いた。それはどれも売れなかった。

日本語では代理による承前より代表による承前の方が多い。

第十三章では句読法の問題が扱われている。これはローマ字論者であった三上にとって重要な命題であったと思われるが、それだけでなく、この問題は日本語の文の認定の問題と連関しているのである。三上が挙げている例を挙げる。

(29) 原稿が帰ってきた、一昨日出した。 (『新説』p.353)

三上が問題としているのは、(29)の「帰ってきた」の部分で文は成り立っていると言えるかどうかといったことである。

最後の第十四章では疑問文に関わる問題が扱われている。現在でも完全な解決を見ているとは言えない「だろう」の意味を考える上で、重要な指摘がなされている。

---

*17 厳密に言うと、この場合の「それ」の指示対象は「彼が書いた多くの本」である。この点について詳しくは庵(1995a)などを参照されたい。

§1　三上文法の理念と構成

4－2.『新説』の価値

　前述のように、『新説』は『序説』と並んで、三上文法の全構想を述べたものである。内容としては、かなりの部分において『序説』の内容を敷衍するという形がとられている。しかし、重点の置き方は必ずしも同じではなく、敬語の問題などが『序説』よりもかなり詳しく論じられている。また、この本における二重の二項対立(double binary)という見方が指示詞の研究史に与えた影響は極めて大きい。こうした意味で、『新説』は『序説』と合わせて三上文法の中核をなすものと言えよう。

§2 主語廃止論をめぐって―日本語から日本語を見る―

§1では三上の諸著作を概観した。本セクションでは三上の文法論の骨子とも言うべき主語廃止論について考える。

1．主語とは何か

「主語廃止論」について考えるためにはまず「主語」について考える必要がある。

1－1．主語をめぐる様々な考え方

主語については様々な考え方がある(cf. 原田(1973)、野田(2002a))。ここでは、原田(1973)の分け方を見ておく。

原田(1973)によれば主語には次の3つの考え方がある。

A)主題＝主語説　B)主体＝主語説　C)主格＝主語説

A)の主題＝主語説は、主語を「それについて何かを述べるもの」といった形で規定するもので、学校文法の考え方である。また、前述のように、英文法でも(少なくとも三上の時代は)"subject"をこのように規定するものが多かったようである。

B)の主体＝主語説は、主語を「うごきや状態のもちぬしをあらわす部分」(鈴木(1972))といった形で規定するもので、言語学研究会などで採られている考え方である。

C)の主格＝主語説は、主語を一致関係に基づく統語的関係によって規定するものであり、三上だけでなく、生成文法的な立場から原田信一らによって主張されている。また、柴谷方良、

角田太作などは類型論的な立場からこの立場を採っている(cf. 柴谷(1985, 1989)、角田(1990))。

１－２．主題＝主語説とその問題点

　主題＝主語説は「主語」という語の素朴な理解においては妥当なものである。実際、前述のように、英文法でもこの説が採られていた。しかし、英語でもこの考え方は維持しがたい。例えば、(１)の"subject"は明らかに"who"だが、"who"がこの文の「主題」であるということはあり得ない(p.12(２)も参照)[18]。

　(１) <u>Who</u> wrote this book?

　ただし、この主題＝主語説の中には三上の主語廃止論に近い考え方のものもある。それはKuroda(1972)である。Kuroda(1972)は文に表される判断を「認識的判断(categorical judgment)」と「素材的判断(thetic judgment)」に分けている[19]。Kuroda(1972)は"subject"という語を用いているが、"subject-predicate"という関係が存在するのは認識的判断だけで、素材的判断は"subjectless"であるとしている[20]。また、「統

---

[18] Li & Thompson(1976)、柴谷(1989)など多くの文献で、類型論的にも不定語は主題になれないことが指摘されている(Kuroda(1973)も参照)。

[19] 認識的判断を表す文は有題文、素材的判断を表す文は無題文にそれぞれほぼ対応する。

[20] 益岡(1987)における「属性叙述」と「事象叙述」の区別もKuroda(1973)と同じ流れの中に位置づけられると思われる。実際、益岡(1987)も、「属性叙述」には「主語」があるが、「事象叙述」には「主語」はないとしている。

1. 主語とは何か

語上の表層的主語が常に論理学的意味の主語の役割と結びつけられるわけではない」(Kuroda(1972:178))とも述べている。さらに重要なのは、この2つの判断(「有題文」と「無題文」の区別に相当)が英語やフランス語にもあるということを示唆している点である。このように、主題＝主語説を採ったとしても、「主語のある文」と「主語のない文」という区別を認めれば、実質的には三上の「主語廃止論」とほぼ同じ結論になるものと思われる。しかし、実際には「主語」を認めるという立場と「主語のない文もある」という立場は共存しがたいのが普通である。三上自身、次のように述べている。

(2) 名目争いに熱心なのはおかしい。「主語」という用語はそのままにして、その概念内容を改めればすむことではないか、という意見もあるかもしれない。しかし、それではすまないのである。少なくとも非常に困難である。主語廃止も困難であるが、主語据置きで認識の方を改めるなどは、その何倍も困難で、ほとんど不可能のように思われる。　　　　　　　　　　（『論理』p.133）

このように、主題＝主語説は論理的には採用可能な選択肢であるが、実際には副作用(全ての文には主語があるという思いこみを与える危険性が高い)が強く、少なくとも実用的には採用できない考え方である。

§2　主語廃止論をめぐって

1－3．主体＝主語説とその問題点

　主体＝主語説もまた一面の真理をついている。実際、多くの文で主体が意味的に最も顕著な(salient)存在であることは間違いない。従って、(3)〜(5)のガ格名詞句が主語であるという主張には妥当性がある。

　　(3) <u>花子が</u>太郎を殴った。(動作主体)

　　(4) <u>窓ガラスが</u>割れた。(変化主体)

　　(5) 机の下に<u>猫が</u>いる。(存在主体)

ただし、次のような場合は問題である。

　　(6) <u>花子が</u>太郎に殴られた。

　　(7) <u>鯛は</u>３枚におろします。*21

　　(8) <u>窓は</u>閉めてあります。

　(6)では「殴る」という動作の主体は「太郎」であって「花子」ではない。また、(7)(8)の「主体」は「鯛」や「窓」ではなく、「おろす」「閉める」といった動作をする人物であるが、そうした人物はこれらの文には存在しないし、挿入することも困難である((7)'は非文ではないが、(7)と同じ意味ではない)。

　　(7)'　<u>私は鯛を</u>３枚におろします。

　　(8)'?? <u>私は窓を</u>閉めてあります。

　こうした理由で主体＝主語説にも問題がある。

---

*21　これは三上が「料理文」「対格型」などと呼んでいる文型の例である。

1. 主語とは何か

　このように、主題＝主語説と主体＝主語説には問題があることがわかる。従って、最も有力なのは主格＝主語説である。

１－４．主格＝主語説と主語廃止論

　三上の主語に関する立場は主格＝主語説であり、その立場から日本語には主語がないと主張する。その議論は単純明快である。その主張を最も明確に表している部分として§１でも引用した次の部分を再掲する。

(9) 西洋文法の主語とは、動詞を支配するものにほかならない。それは次のような条件を満たすものである。

　□は述語(finite verb)と呼応し、□以外の成分(たとえば目的語など)は述語と呼応しない。つまり□だけが述語と呼応する。

　この空箱に入れられる文法的成分がもしあれば、それと述語との呼応関係が主述関係であり、したがってそれが主語ということになる。

　この空箱に入れられる成分があるかないかは、国々の言語習慣次第であって、アプリオリの問題ではない。日本語は、空箱に入れられるような成分がない。

(『論理』pp.67-68)

この三上の主張を例を用いて考えてみよう。

§2　主語廃止論をめぐって

　　(10) John loves Mary.

　(10)で述語の形を決めるのは"John"であり"Mary"ではない。このことは次のようにそれぞれを複数にしてみるとわかる。

　　(10)' a. John and Bill {love / *loves} Mary.
　　　　　b. John {*love / loves} Mary and Kate.

　ここで、(10)の"John"と"Mary"を代名詞に変えるとそれぞれ"he"と"her"になることから"John"と"Mary"はそれぞれ主格と対格であることがわかる。そして、英語(や大部分のヨーロッパ言語)では主格のみが述語の形を規定する。こうした現象を主格名詞句が述語と一致すると言うが、こうした一致(agreement)がある場合、その一致を引き起こす名詞句を「主語」と呼ぶというのが三上の考え方である。そして、そうした観点から日本語を見ると、そうした条件を満たす名詞句は日本語には存在しない。従って、日本語には主語はない。これが三上の主語廃止論である。

2．『象は鼻が長い』と構文論

　1では三上の主語廃止論について簡単に述べたが、こうした三上の主張が最もわかりやすい形で述べられているのが『象』である。ここでは『象』の内容を概観して、その内容の現代日本語構文論に対する寄与について考えてみたい。

　まず最初に、三上の主語廃止論の主張をもう一度見ておこう。

　(1) a.「は」は主題(題目)であって主語ではない。

2.『象は鼻が長い』と構文論

　　b.「が」は主格であって主語ではない。

（1）a, b を合わせると「日本語には主語はない」ことになる。

（1）b の意味は1で述べたとおりである。三上の言葉を使って言うと、日本語には「主格の絶対的優位」を表す現象はないということである[*22]。なお、主格の「絶対的」優位を否定するということは、主格の「相対的」優位を否定するということではない。三上は次のように述べている。

（2）　誤って「が」一つをやかましく言うタテマエ(実行の程はあやしい)の人には、ガノニヲ訓練というと、「が」をひどく値下げしたような印象を与える心配があります。そうではないことを知って安心してもらうために、次のような大まかな比重を仮定しておきます。

---

*22　三上は次の2つを「主格の絶対的優位」を示す現象として挙げている(『続・序説』pp.45-47)。ただし、a）は必須のものではないこと、b）は主格が陳述性を支える十分条件ではあるが、必要条件ではないことからどちらも「主語」存続の根拠にはならないとしている。
　a）ガーノ可変
　　名詞修飾節の中でガ格（主格）のみがノ格と交代できる。
　（ア）a. 太郎が描いた絵
　　　　b. 太郎を描いた絵
　　　　c. 太郎の描いた絵（aの解釈は可能だが、bの解釈は不可能）
　b）副詞化への抵抗
　　「XがA（A：形容詞）」を副詞化するときに「が」は伴えない。
　（イ）a. 彼女は愛想がいい。
　　　　b. 彼女は客を愛想 {*が／φ} よくもてなした。

§2 主語廃止論をめぐって

が六、の二、に一、を一

「が」を重視することに変わりはないのです。「が」だけを特別視する第二英文法ではいけないというのです。(略)格助詞には、優劣軽重の違いはありますが、それらが連続的な一群をなしているという事実の認識に立たなければいけないと主張しているのです。

(『革新』pp.147-148)

こうした点で、三上の主張と、後に見る原田信一や柴谷方良らの主張との間には質的な違いはないように思われる。

2-1.『象』における構文論

上述のように、三上の主語廃止論は(1)のように捉えられる。ここでは三上が『象』で述べていることに基づいてその主張を跡づけてみたい。

『象』は構成は次のようになっている。

(3) 第一章　「ハ」の兼務
　　第二章　「ハ」の本務
　　第三章　「ハ」の周囲

第一章で扱われているのは「は」が持つ「兼務」という性質であり[*23]、第二章で扱われているのは「は」の持つ「文末

[*23] 現行の『象』では「代行」という語も用いられているが、三上自身が「初版の訂正」として「代行と兼務という二語の必要はなかった。今後は兼務

まで係る」という性質である*24。そして、第3章では「なら」などその他の主題形式についての問題が扱われている。

2-2.「ハ」の兼務

『象』の第一章では「「ハ」の兼務」の問題が扱われている。「「ハ」の兼務」というのは次のような現象である。例えば、(4)は「田中さんがその本を書いた」という内容を伝えているが、「が」は(4)には出てきていない。

(4) 田中さん<u>は</u>その本を書いた。

言い換えると、(4)の「田中さんは」は文の内容としては「田中さんが」であり、同時に一文の主題でもあるのである。このことを三上は「「Xハ」は「Xガ」を兼務する」という形で述べている。これは「は」が2つの機能を担っているということでもある。

同様に、(5)の「その本は」は「その本を」を、(6)の「象

だけで行きたい」と述べていること、及び、三上と親交の厚かったくろしお出版の岡野会長からも三上自身の希望として同様のことを伺ったことから、本書では「代行」という語をやめ、「兼務」のみを用いることにする。従って、本書で「兼務」としている部分が現行の『象』の本文では「代行」となっている場合があり得ることをお断りしておく。

*24 実際は、「は」の勢力範囲は必ずしも一文に留まるとは限らず、より広い範囲に影響を与える場合がある。これが三上の言う「ピリオド越え」の現象である。これについては§3で少し考えることにする。

は」は「象の」を、(7)の「日本は」は「日本に」をそれぞれ兼務している。

(5) その本は田中さんが書いた。

(6) 象は鼻が長い。

(7) 日本は地震が多い。

このように、「は」は「が、を、の、(に)」を兼務するが、それを明らかにするために、三上は「無題化」という統語的操作を行っている。例で考えてみよう。例えば、(8)は単独の文なので通常「は」が使われる[*25]。

(8) 田中さん {は／？が} 大学生だ。

(9) 田中さん {＊は／が} 大学生であること

しかし、(8)が名詞修飾節に入った(9)のような場合は「が」しか使えない(準詞「だ、です」は名詞修飾節の中では「である」になる)。これは名詞修飾節の中には主題が入らないためであり、これを用いると、(8)の「田中さんは」が兼務している格がわかる。これが、三上の言う無題化である。

２－２－１．無題化と日本語の構造

無題化は日本語の統語論上、極めて重要な概念である。

[*25] (8)で「が」が使われるのは、「(この中で)だれが大学生なのか」といった文に対する答の場合である。こうした場合を、三上は「排他」と呼び(cf.『論理』p.194ff.)、久野（1973）は「総記」と呼んでいる。

「は」が主題を表し、「無題化」は主題を取り除く操作であるから、日本語の文には次の2つの異なるレベルがあるということになる[*26]。

(10) 彼<u>は</u>その本を書いた。
(11) 彼は　その本を書いた　　　　　＜伝達レベル＞
　　 主題　　解説

　　 彼が　その本を　書いた(こと)　＜命題レベル＞
　　 主格　対格　　　述語

「伝達レベル」というのは「主題」が機能するレベルである。このレベルにおいては、文は「主題(題目)」と「解説(述部)」に二分される。この関係を三上は「題述関係(T−P関係)」と

[*26] 英語ではこれ以外に「主語」「目的語」といった文法関係(grammatical relation)を表すレベルが存在する。今、日本語と英語の関係を示すと次のようになる。英語の伝達部分に関する考え方については Halliday (1994) を参照されたい。

(ウ) 太郎は花子を殴った　　　　　　　　　Taro hit Hanako.
　　太郎は　花子を殴った＜伝達レベル＞　　Taro　hit Hanako
　　主題　　解説　　　　　　　　　　　　　主題　解説
　　X　　　　　　　　＜文法関係レベル＞　Taro hit Hanako
　　　　　　　　　　　　　　　　　　　　　主語 述語 目的語
　　太郎が花子を殴った(こと)＜命題レベル＞Taro hit Hanako
　　主格　対格　述語　　　　　　　　　　　主格 述語 対格

ここで、主語廃止論というのはこの図式の「X」に当たるもの(特に主語)が存在するか否かということであり、三上はそれは存在しないとする。一方、後述する原田信一や柴谷方良らの説は「X」に当たるものが存在するとするものである。

§2　主語廃止論をめぐって

呼び *27、日本語の基本的な文型はこの題述関係であり、「主語」と「述語」からなる「主述関係（S − P 関係）」ではないことを繰り返し述べている（例えば『論理』p.187 以下参照）。

一方、「こと」を用いた無題化で取り出されるレベルは現在の用語で言えば「命題（proposition）」に相当する。三上自身はこのレベルをバイイ（Bailly, C.）の modus-dictum の区別における dictum に対応させて「コト」と呼んでいる（『続・序説』p.117 以下を参照。なお、modus は「ムウド（陳述度）」と呼んでいる）。この「コト」という用語は寺村秀夫にも引き継がれている。

このように、無題化は日本語の文を 2 つの層（レベル）に分けて考えるという視点を日本語研究に持ち込んだ、極めて重要な意味を持つものである。

こうして、「は」と、「が」「を」「に」などの格助詞は正当に切り離された *28。次に三上は「X が」「X を」などについて論

---

*27　三上は「題目」「述部」という語を用いているが、本書では庵（2012）との統一のためにそれぞれを「主題」「解説」と呼ぶ。なお、「主題」に当たる語は英語では "topic" "theme" などと呼ばれ、「解説」に当たる語は "comment" "rheme" などと呼ばれている。

*28　「は」と「が」に関するこうした区別は山田孝雄が既に行っており、そのことは三上も認めている。その上で三上は次のように述べている。
　　（エ）日本文法界という所は、「ハ」を係助詞、「ガ」を格助詞と、せっかくちゃんと分類しながら、強力な「ハ」と微力な「ガ」との雲泥をいきなり一しょくたにし、同じ構文的役割「主語」を割り当てている。そんなことでは、構文論のできあがらないこと太鼓判である。（『続・序説』p.99。傍点原文）

じている。

２－２－２．「Ｘガ」

「は」が兼務することが最も多いのが「が」である。これは明らかな事実であり、三上もそのことは十分認識している。このことを三上は「主格の相対的優位」と表現している。これについて、次のような現象が指摘されている(『序説』p.99ff.)。

(12)a. 主格はほとんどあらゆる用言に係るが、他の格は狭く限定されている。(傍点原文)
　　 b. 命令文で振り落とされる。
　　 c. 受身は主格を軸とする変換である。
　　 d. 敬語法で最上位に立つ。
　　 e. 用言の形式化に最も強く抵抗する。

(12)a は日本語の述語の格枠組み(case frame)において大部分の場合主格がその中に含まれているということを表す(ただし、「３時になる」の「なる」、「停電する」のように主格を含まないものもある)。

(12)b(「命令文で振り落とされる」)は英語などとも同様の現象であるが、日本語の命令文では(13)に見られるように、主格は必ずしも落ちなくてもよい。

(13)君が行け。

(12)c(「受身は主格を軸とする変換である」)は次のような現象である。受身の分類についてはいくつもの考え方があるが、

§2 主語廃止論をめぐって

例えば、次のような3種類を考えてみる(cf. 庵(2012))。

(14) a. 鼠が猫に追いかけられた(こと)＜直接受身＞

b. 猫が鼠を追いかけた(こと)

(15) a. 林さんが事故で弟に死なれた(こと)　＜間接受身＞
b. (林さんの)弟が事故で死んだ(こと)

(16) a. 林さんがスリに財布をすられた(こと)

＜中間的な受身＞

b. スリが林さんの財布をすった(こと)

このように受身を分類した場合、各文のb文が(広義の)「対応する能動文」である(この点について詳しくは庵(2012)を参照されたい)。この場合、(14)と(15)(16)では統語的構造が異なる。例えば、(14)では上に示したような「たすきがけ」の関係が成り立つが、(15)(16)ではそうした関係は成り立たない。そうした意味で両者の間には構造上の違いがあるわけだが、そのことに関連して、(15)(16)の「対応する能動文」である(15)b(16)bにおいて、連用格の内、受身化されるときに変化するのは主格だけで、他の格は変化しないということが言える。これが三上が(12)cで述べている現象である[29]。

(12)d(「敬語法で最上位に立つ」)は敬語法に関する問題であ

---

[29] 受身に関してはこの他に仁田(1991)が指摘する主体目当ての副詞の問題がある。「思いっきり」のような様態の副詞は能動と受動で文の真理値に影響を与えない。例えば、(オ)aが真であれば(オ)bも真である。

る。次例を見られたい(cf. 三上(1968))。

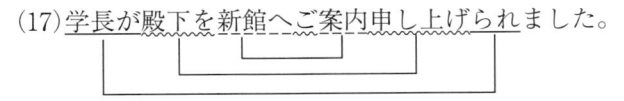

(17) 学長が殿下を新館へご案内申し上げられました。

こうした場合、対格(あるいは目的格)に対する尊敬(いわゆる謙譲語)は主格に対する尊敬(いわゆる尊敬語)よりも係り方が浅い。つまり、敬語法における(いわゆる)「尊敬、謙譲、丁寧」は次のような構造になる。

(18) {主格＜対格　謙譲＞尊敬} 丁寧
　　　　　　統括作用　　　　陳述作用

このように、統括作用(cf. §14-1)のレベルでは主格は他の格よりも外側に位置し、優位にある。しかし、それは命題レベルの現象であり、丁寧が関わる陳述作用のレベルではそうした違いは生じない(「丁寧」は聞き手に対する敬意である)。

(12)e(「用言の形式化に最も強く抵抗する」)は先に挙げた「「XがA(A:形容詞)」を副詞化するときに「が」は伴えない」

(オ)a. 花子が太郎を思いっきり叩いた(こと)
　　b. 太郎が花子に思いっきり叩かれた(こと)
一方、「うかつにも」のような副詞は主格Xとの間に「Xはうかつだ」といったある種の叙述関係を持つものであるが、この場合、能動文と受動文では真理値が異なる。つまり、(カ)aではうかつなのは「花子」だが、(カ)bでは「太郎」である。
(カ)a. 花子はうかつにも太郎を叩いた。
　　b. 太郎はうかつにも花子に叩かれた。
こうした現象は主格の「絶対的優位」を表しているように思われる。

§2 主語廃止論をめぐって

という現象である(cf.『続・序説』pp.46-47)。

(19)a. 彼女は愛想がいい。

　　　b. 彼女は客を愛想 {*が／φ} よくもてなした。

三上自身はこの現象について「これは主格の絶対的優位としては最も顕著なものであるから、主語存置論を組み立てるならこれを手がかりにするほかはない」(『続・序説』p.47)と述べている。

以上の5つの現象を検討した上で、三上はこれらは全て主格の「相対的優位」を示すに留まるとして、これらが主語廃止論に対する反例にはならないと主張している。

2-2-3.「Xヲ」

次の(20)を英語に直訳すると(20)'になるが、日英両言語におけるそれぞれの頻度の間には大きな差があると思われる。

(20)その本は田中さんが書いた。

(20)' That book, Tanaka wrote (it).

これは「は」に非常に強力な主題表示機能があるためである。

さて、(20)は「その本を田中さんが書いたこと」を意味し、「その本は」は「その本を」を主題化している。このように、「Xハ」の中には「Xヲ」を兼務しているものがかなりの数に上るが、「は」を「主語」と考えるとこうした当たり前の例が視野に入らなくなる。この(20)と(20)'の比較からもわかるように、(20)のような例を「主語が2つある文」を考えるのは「主語」の輸

入先のヨーロッパ言語との対照という点から見ても問題があるが、学校文法のように、「は」も「が」も主語としてしまうと必然的に(20)は「主語が2つの文」になってしまう。

『象』の中で「ヲ格」について触れている部分で興味深いのは三上が「料理型(または対格型)」と呼ぶ次のような文である((21)(22)は『象』p.28より)。

(21)メバル<u>は</u>煮付けにします。
(22)つぐみ<u>は</u>、普通かすみ網で捕ります。
(23)陸海空軍その他の戦力<u>は</u>、これを保持しない。

(憲法第9条)[*30]

これらの文に共通しているのは、一般的な内容を述べていることと、動作主を言い表さない(動作主が「省略」されているのではない)という点である。例えば、(21)に対して(21)'のように言うと、それは普通の「主格型」(三上は「報告型」とも言っている)の文になってしまい、(21)と同じ意味ではなくなる。

(21)' 私はメバル ｛を／は｝ 煮付けにします。

2-2-4.「Xニ」

ニ格は主題化においてゆれがある部分である。例えば、(24)a

---

*30 (23)の「これを」はヲ格名詞句の主題化の後に残る埋め草(filler)である。埋め草は通常ソ系統に限られるが、この場合は例外的にコ系統が使われる。この点については§3で少し触れるが、他に野田(1994)、庵(1996)なども参照されたい。

§2　主語廃止論をめぐって

と(24)bはともに使われている。

　(24)a. 日本<u>は</u>温泉が多い。

　　　b. 日本<u>には</u>温泉が多い。

　(24)'a. 日本<u>が</u>温泉が多い(こと)

　　　b. 日本<u>に</u>温泉が多い(こと)

　この場合、(24)bを無題化したものが(24)'bになるのは問題ないが、(24)aを無題化したものが(24)'aなのか(24)'bなのかはやや問題である。つまり、(24)'bなら「は」は「に」を兼務していることになるが、(24)'aなら「は」には「に」を兼務する機能はないことになるからである。同様の問題は可能形や所有などの他動性が低い動詞の場合にも起こる。

　(25)a. 田中さん<u>は</u>英語が話せない。

　　　b. 田中さん<u>には</u>英語が話せない。

　(26)a. 私<u>は</u>子供がいる。

　　　b. 私<u>には</u>子供がいる。

　(27)a. 彼<u>は</u>他人の苦しみがわかる。

　　　b. 彼<u>には</u>他人の苦しみがわかる。

　なお、こうした問題が起こるのは三上の言う位格(§2参照)の場合だけで、第二位格(相手)、第三位格(起点)の場合は「には」が使われる。例えば、(28)a、(29)aの「山田さんに」を主題化したものはそれぞれ(28)b、(29)bであり、(28)c、(29)cは通常、許容度が低い。

　(28)a. 田中さんがその本を山田さんにあげたこと

b. 山田さんには田中さんがその本をあげた。

　　c. ?? 山田さんは田中さんがその本をあげた。

(29) a. 田中さんがその本を山田さんにもらったこと

　　b. (?)山田さんには田中さんがその本をもらった。

　　c. ?? 山田さんは田中さんがその本をもらった。

　また、(24)〜(27)のタイプのニ格と(28)(29)のタイプのニ格にはもう一つ相違点がある。それは基本語順に関するものである。つまり、前者では「〜に…が」が基本語順になるが、後者では「…が〜に」が基本語順になる。これは動詞を所動詞と能動詞に分類する根拠の一つでもある(cf.『序説』p.107)。所動詞の典型例である存在文の通常語順が「〜に…が」であることについては久野(1973)も述べているが、久野自身、現象の指摘は三上が先に行っていると述べている(久野(1973:278))。

2−2−5.「Xノ」

　『象』の分析の中で最も興味深いのは「Xハ」が「Xノ」を主題化していると考える点である。それまでの考え方ではこれらはガ格のとりたてと考えられていた。例えば、(30)aは(30)bではなく、(30)cに対応するものと考えられていた。

(30) a. 象は鼻が長い。

　　b. 象の鼻が長い(こと)

　　c. 象が鼻が長い(こと)

これに対し、三上は大量の例文を用いてそのように分析でき

ない「Xハ」が多数存在することを示した。『象』から例文を一部引用する。『象』にはこの他にも数多くの例が挙げられているので参照されたい。

　(31) 京都は秋がいい。
　(32) Ｂ氏は、奥さんが入院中です。
　(33) ネコは、首に鈴をつけてやれ。
　(34) カキ料理は、広島が本場です。
　(35) 彼女の婚礼は、わたしがなこうどをした。

これらは全て「Xノ」を設定することで解釈できるが、(31)〜(33)と(34)(35)ではやや型が異なる。(32)と(34)を比べよう。

　(32) a. Ｂ氏は、奥さんが入院中です。
　　　 b. Ｂ氏の奥さんが入院中である(こと)
　(34) a. カキ料理は、広島が本場です。
　　　 b. 広島がカキ料理の本場である(こと)

すると、(34)では「Xノ」が述語の名詞(「本場」)の修飾成分であることがわかる。このように、この構文は通常の「象は鼻が長い」型の構文とは異なる性質を持つため、特に研究対象となっている(cf. 西山(1990)、野田(1996)、菊地(1997))。

２−３．「ハ」の本務

『象』の第二章では「は」の係り方の問題が述べられている。
２−２で見たように「は」は格助詞を兼務する場合がある。
　(36) 私はその件を田中さんに伝えます。

例えば、(36)の「私は」は「私が」を兼務している。この場合の構造は次のようになる。

(36)' 私**は**その件を田中さんに伝え**ます**。
　　　私がその件を田中さんに伝え(ること)

つまり、「私が」「その件を」「田中さんに」という補語は全て述語「伝える」の語幹(「伝え」)にしか係らず、文末にあってムードを表す「ます」に係るのは「(私)は」である。三上は、こうした題述の呼応を「「ハ」の本務」と呼んでいる。これは、「は」が文の主題を表し、文を「主題」と「解説」に二分するということを言い換えたものである。

文の中にはこうした2つの異なるレベルの係り方があるわけだが、これを三上は次のようにまとめている(『象』p.115)。

(37) a. 係助詞　心理的(虚)　大きく係る
　　　b. 格助詞　論理的(実)　小さく係る

なお、格助詞が「ガノニヲ」(「に」には例外がある)以外のときはこの区別がsyntagmaticな関係として現れる。例えば、(38)の場合は、「から」が命題レベルに、「は」が伝達レベルに属するということが分離されて表されている。

(38) 田中さん<u>から</u>は私が連絡をもらいました。

「は」の係り方は(37)のように虚勢的である。そのため、格関係に関わりなく文が成り立つ場合がある。

(39) このにおい<u>は</u>、ガスが漏れているにちがいない。

(『象』p.85)

§2 主語廃止論をめぐって

  (40) その目は、おれを馬鹿にしているな。　（菊地(1995)）

　また、「は」は文末に向かって大きく係るが、その勢いは時には文を越えてそれ以降の文に及ぶ場合もある。

  (41) 吾輩は猫である。名前はまだ無い。どこで生れたか
　　　頓と見当がつかぬ。何でも薄暗いじめじめした所で
　　　ニャーニャー泣いていた事だけは記憶している。

　　　　　　　　　　　　　（夏目漱石『吾輩は猫である』）

　(41)の第1文の主題「吾輩は」は第2文〜第4文の主題でもある。このような現象を三上は「ピリオド越え」と呼んでいるが、これは「省略」、テキストの結束性(cohesion)などについて考える上で重要な問題である。これについては§3でもう少し詳しく考えることにする。

　「ピリオド越え」と似た現象として、三上は「コンマ越え」という現象を指摘している。

  (42) その本は僕も読んだが、たいへんおもしろかったから、
　　　君もぜひ読んでみたまえ。　　　　　　（『象』p.131）

　例えば、(42)には3つの節があるが、それぞれにおけるコトの内容は次のようになる。

  (43) a. その本を僕も読んだ(こと)
　　　　b. その本がたいへんおもしろかった(こと)
　　　　c. 君もその本を読んでみる(こと)

　この場合、文頭の「その本は」はこれら3つの「その本が／その本を」を兼務しながら（それぞれの述語に軽く係りながら）

文末に至っている。これが三上の言う「コンマ越え」である。

このコンマ越えに関して注意すべき現象は中立法の場合である。三上が挙げている例を見てみよう。

(44) <u>警察官は</u>バリケードをとりのぞき、入口横のガラスを破って入口を開け、<u>学生たちのゴボウ抜きが</u>始まった。
（『象』p.135）

この場合、「警察官は」の「開け」への係り方は問題ないが、その勢いが残っているため、主格を「ゴボウ抜き」に交代させる際に無理が出るのである。この場合は「が始まる」を「を始める」にすべきであろう。

さらに、次のような実例も挙げられている。

(45) ところがソ連の発表はまるで違う。その米飛行機はウラル山中の上空まで侵入し、そこでロケットの一撃で撃ち落としたのだという。

（「天声人語」。『象』pp.137-138）

この場合、文法的には「撃ち落とした」のは「その米飛行機」になるが、もちろん実際にはソ連軍機が「その米飛行機」を撃ち落としたのである。こうした例は「実用文法」という点から貴重である。

2−4．「ハ」の周囲

『象』の第三章では「は」以外の主題形式が扱われている。

その中でも最も重要なのは「なら」である。「なら」は条件

を表す形式だが、条件と主題は次のように近い関係にある((46)(47)は『象』pp.156-157より)。

(46) a. 新聞が要れ<u>ば</u>、ここにありますよ。
　　 b. 新聞<u>は</u>、ここにありますよ。
(47) a. 三角形の二辺が等しけれ<u>ば</u>、その二角も等しい。
　　 b. 二辺の等しい三角形<u>は</u>、(その)二角も等しい。

三上は「なら」を「条件法関係の提題の代表」とし、「は」との違いを次のように述べている(『象』p.165)[*31]。

(48) a. Xナラ－相手から話し手に移りつつある題目、条件付き題目
　　 b. Xハ－すっかり話し手のものになっている題目、無条件の題目

この指摘から次のような現象が説明できる。

(49) A：田中さん、知らない？
　　 B：田中さん ｛なら／は｝ さっき図書館にいたよ。
(50) 田中さん ｛*なら／は｝ 来週学会で発表するんだよ。

この他、第三章では「も」「でも」及び無助詞の問題が扱われている。

2－5. 『象』の価値

この2では『象』の内容をかなり詳しく検討してきた。§1

[*31] 「なら」については高梨(1995)などを参照されたい。

でも述べたように、『象』は三上が自らの主語廃止論を広く訴えるために書いた啓蒙書である。個々の現象自体は『序説』などに既に述べられている場合が多いが、それを一般の読者(あるいは研究者を含めて？)に向けて噛み砕いて説明したのがこの本の最大の価値である。

　この本は「「ハ」に関する文法のあらましを、主述関係という観念を使わずに、したがって主語という用語を使わずに述べ」たものでもある(『象』p.178)。これは、「主語」という語が抜きがたい影響力を持っていた当時にあっては極めて画期的なことであったと考えられる[*32]。

　この本に込められた三上の思いは本の最後にある次のことばに尽きていると思われる。

　　(51) わたしは成功するか失敗するかです。失敗すれば、むろんそれきりです。成功すれば――だれも主語だの主述関係だの言わなくなり、言わないことがあたりまえ至極になって、そんなあたりまえ至極なことをムキになってのべ立てたかどでわたしは罰金を取られる、ということもないでしょうが、もはや用がなくなって忘れられてしまいます。そういう忘却の光栄を目ざして、

[*32] 野田尚史の『新日本語文法選書1「は」と「が」』(野田(1996))は、「は」と「が」の問題に関する研究の集大成的性格を持つが、この本の中でも『象』と同じく、「主語」という語は使われていない。これも三上の主張の正しさを裏付けるものであると言えよう。

§2 主語廃止論をめぐって

わたしはなおムキになりつづけます。

(『象』pp.187-188)

このことばから10年後に書かれた『小論集』には次のようなことばが綴られている[*33]。

(52) 私の主語否定論もずいぶん長い。その間、自分自身では変節の可能性を留保してきたつもりである。納得できる反論に出会ったら、いつでも肯定論へくらがえするという用意である。

しかし、目に触れた範囲では、ついにそういう反論に出会わなかった。もう変節もできないと思う。

(『小論集』p.70)

この引用部の最後の部分などに筆者は『小論集』の持つ「遺言書」的な雰囲気を感じるのであるが、それはともかく、ここで三上が述べていることは現在の視点から見てどのように評価すべきであろうか。

筆者は主語廃止論に関する三上の主張は今日、基本的に受け入れられていると考える。野田(1996)のような研究が何の抵抗もなく受け入れられていること自体がそのことを物語っていると言える。

もちろん、このことには現在の研究が「文とは何か」「語とは何か」といった原理的な問題に対する関心を持たなくなって

[*33] この引用の直後に三上が主語廃止論に向かうきっかけとなった出来事に関する回想が語られている。

きているということ、学校文法がほとんど影響力を持たなくなったということなども影響していると考えられるので、三上の立場に立ったとしても手放しで喜べることではないかもしれないが、いずれにしても、三上が主張し続けたことが「あたりまえ至極」になったことは確かであろう。

　ただし、三上の主張が受け入れられるようになったということと、三上の主張以外の考え方が存在しないということとは別である。次の3では三上の主張に対する反論を検討する。

3．主語廃止論に対する反論

　ここでは「日本語に主語は存在しない」とする三上の主張に対する反論について検討する。ただし、主題＝主語論や主体＝主語論は三上の主張と同じ土俵の上での主張とは言えないので、ここでは考えない。ここで考えるのは、「主題」を「主語」と区別し（主題＝主語論との違い）、「主語」を統語的概念と考える（主体＝主語論との違い）ものである。

　そうしたタイプの主語論は、1）生成文法、類型論におけるもの　2）人称制限に基づくもの　に大別できる。

3－1．生成文法、類型論による主語存続論

　最初に考えるのは生成文法や類型論の立場からの主語存続論である。この考え方は原田（1973）、柴谷（1985, 1989）、角田（1990）などに見られる。

§2　主語廃止論をめぐって

　三上が「主語」の条件に挙げている述語動詞との「一致」もそうだが、「主語」を統語的に規定する場合には、述語が取る複数の補語の中で様々な統語現象において「特権的な」振る舞いをするものがあるか否かが問題になる。

　2で見たように、三上の主語廃止論は「一致」を唯一の「特権的」な現象と見たものである。そう考えると、日本語に主語がないというのはほとんど自明とも思われる。しかし、「特権的」な現象は必ずしも「一致」に限られる必要はない。

　原田(1973)、柴谷(1985, 1989)、角田(1990)などに共通する考え方は、多くの言語で「主語」と見られる名詞句が共有している統語的性質を日本語において持っている名詞句があればそれを「主語」と定義しようというものである。これは、類型論的観点から多くの言語を主題卓越型(topic-prominent)、主語卓越型(subject-prominent)に分けている Li & Thompson(1976)でも採られている手法であり、系統の異なる言語同士を比較する上で必要な方法論である。

　こうした意味の「主語」が持つとされる性質はいくつかあるが、ここでは再帰代名詞の先行詞と尊敬語の問題を取り上げる。

　再帰代名詞(reflexible pronoun)というのは（1）の「自分」のようなものである。

　（1）田中さんは<u>自分</u>の顔を叩いた。

　これは代名詞であるから何らかの要素と照応しなければならないが、多くの言語において、その際、照応の相手（先行詞）と

3. 主語廃止論に対する反論

なるのは「主語」に限られる(cf. Keenan(1976:315))。そのことを念頭に置いて次の例を見てみよう。

(2) 田中さんが山田さんに<u>自分</u>の辞書を貸した(こと)

(3) 田中さんが山田さんに<u>自分</u>の辞書を借りた(こと)

(2)(3)には「自分」の先行詞となり得る名詞句として「田中さんが」「山田さんに」が存在する。この場合、もし「自分」の先行詞が意味的に決まるのであれば、(2)の場合は「田中さん」、(3)の場合は「山田さん」になることが予想される。しかし、実際は(3)の場合も先行詞は「田中さん」になる[34]。

このように、「自分」の先行詞は主格に限られる。

次に、尊敬語における敬意の対象だが、これは先に見たように、通常、主格である。(4)bが不適格なのはこのためである。

(4) a. <u>田中先生</u>は太郎に本をお貸しになった。

　　b. *<u>太郎</u>は田中先生に本をお貸しになった。

原田(1973)、柴谷(1985, 1989)にはこの他にも同様の統語現象がいくつか挙げられているが、ここでは省略する。

ここまでの議論からすると、主格＝主語説を採れば問題がなさそうだが、それではうまく行かない場合がある。それは尊敬

---

[34] (3)が表す状況は(2)が表すものに比べてわかりにくいが、山田さんに辞書を貸していた田中さんが急にその辞書が必要になって山田さんから借りた(一時的に返してもらった)という場合なら(3)は使えるであろう。逆に、田中さんが山田さんから山田さんの辞書を借りたという（より想定しやすい)状況では(3)は使えないのである。

語の場合である。

　前述のように、存在文やそれに類する述語では基本語順が「ニーガ」になる。この場合、尊敬語においても敬意の対象は位格で表されることになる。

　　(5) 田中先生には英語がおわかりにならない。
　　(6) 田中先生には文才がおありになる。

　三上はこのことに早くから気づいている(cf.『序説』pp.119-120)。

　問題はこの現象をどのように解釈するかだが、柴谷方良の「主語プロトタイプ論」は、主格主語をプロトタイプ的主語、(5)(6)のような位格の主語(与格主語)を非プロトタイプ的主語としてこの問題を解決しようとするものである(cf. 柴谷(1985, 1989))。

3-2. 人称制限に基づく主語存続論

　統語論的観点による主語存続論のもう一つの種類は仁田義雄に代表される人称制限に基づくものである。

　仁田(1997:196-197)には次のような現象が取り上げられている。

　　(7) ｜俺／＊お前／＊あいつ｜ が持って行こう。
　　(8) ｜＊私／君／＊彼｜ が彼女にそのことを伝えてくれ。
　　(9) ｜＊僕／＊君／子供｜ が走っている。

　つまり、これらの文における文末の発話・伝達のモダリティ((7)～(9)ではそれぞれ「表出」「働きかけ」「述べ立て」)と「主

語」*35 には共起制限(人称制限)が存在するということである。仁田(1997:184ff.)が指摘するように、発話・伝達のモダリティを持つのは文に限られる。発話・伝達のモダリティを持つ成分は他の文の成分になり得ない(引用文を除く)のである。

(10) 彼が来るだろう ｛φ／＊ねぇ｝ 日なのに、あいにく僕はいない。　　　　　　　　　　　　　(仁田(1997:184))

このように文の成立に決定的に関わる成分(発話・伝達のモダリティ)と呼応するのが「主語」である以上、それは絶対的な優位を示す、というのが仁田(1997)の論旨である。

この仁田(1997)の主張に対しては野田(2002a)が批判を行っている。その論旨は次のようなものである。つまり、仁田(1997)の主張する現象は、個々のモダリティの側に人称を指定すれば解決できるものであること、(11)のような非意志的自動詞(所動詞)を述語とする文には適用できないこと、などの点から主語の規定としては問題があるというものである。

(11) カメラが壊れた。(野田(2002a))

ここでは野田の指摘の前半の部分、つまり、仁田(1997)の言う人称制限の問題は個々のモダリティに記述に含めればよいという点について少し私見を述べてみたい。

§3でも見るように、日本語では述語の必須補語が表層に現

---

*35 この場合の「主語」は主格に限定されない。(キ)の「君から」も「主語」である((キ)は仁田(1997)より)。
　(キ)｛＊私／君／＊彼｝から彼女にそのことを伝えてくれ。

§2 主語廃止論をめぐって

れないことが多い。こうした現象は通常、「省略」と呼ばれているが、筆者はこれに疑問を持っている。

(12)愛してるよ。

例えば、(12)を「僕は君を愛しているよ。」の「省略」と見るのは日本語の言語心理に反するように思われる。筆者は、1，2人称の成分は出現しないのが無標で、何らかの理由がある場合に出現すると見るべきであると考えている。

このような「非出現」が実際に観察される以上、1，2人称の代名詞が顕現化しなくても述語の形でその人称が特定化されていると考えるのが自然である。実際、上で仁田(1997)によって指摘されている人称制限の問題もそうした特定化の手段の一つであると考えられる。この他にも、感情述語の人称制限(cf. (13)(14))なども同類のものであろう。

(13) ¦私は／＊君は／＊彼は¦ 頭が痛い。

(14) ¦＊私は／＊君は／彼は¦ 頭が痛いようだ。

こうした現象はイタリア語などの pro-drop と呼ばれる現象とよく似ている。例えば、イタリア語では通常、(15)Aにおける"hai"("have"2人称単数親称)、(15)Bにおける"ho"("have"1人称単数)の「主語」を表出する必要はない(cf. 一ノ瀬(2001))。

(15) A：Quanti   anni hai?

　　　　 how many years have(you)

　　 B：Ho   ventidue anni.

　　　　 have(I) 22   years

3. 主語廃止論に対する反論

　これが pro-drop と呼ばれる現象であるが、こうした言語では動詞は人称に合わせて活用する。言い換えると、これらの言語では動詞の活用を豊かにすることで、主語を明示することに伴う余剰性を避けているということになる。これは、英語が主語を明示する代わりに活用をほぼ放棄したのとは逆の方向であるが、いずれにしても、ヨーロッパの言語では、「主語」は代名詞または動詞の活用において表される必要があるということである（この点に関しては、豊かな活用を持ちながら pro-drop を許さないロシア語などは余剰性を持っていることになる）。

　日本語の場合は述語を見れば必ず人称がわかるというほど動詞の活用が人称性を持っているとは言えないが、無標の場合に代名詞を出現させる必要がない程度には人称がわかるようになっていると考えられる。

　こうした観点から見た場合、仁田（1997）が指摘する現象は述語に人称を焼きつける動きであると見ることができる。これは、英語などで代名詞が現れることによって人称を指定するというのとは少し異なる動きであり、機能的には pro-drop の言語で行われていることに近い現象である。こうした人称性の表し方には次のような連続性があるのではなかろうか。

（16）人称の表し方
　　　代名詞で表示　　活用形で表示　　モダリティで表示
　　　（英語）　　　　（イタリア語）　　（日本語）
　　　←（高）　　　人称の明示度　　　（低）→

§2 主語廃止論をめぐって

　もちろん、イタリア語や日本語でも代名詞を用いて人称を表示できるが、（少なくとも１,２人称に関しては）英語のようにそれが無標であるとは言えないであろう[*36]。そして、人称を表すという点に関して、日本語に存在するような人称制限はおそらく汎言語的に存在するものであり、原理的には全ての言語でこれを使って（少なくとも１,２人称に関しては）人称を表し得るであろう。ただし、その場合に、日本語のように（１,２人称に関して）代名詞で人称を表示することを有標のものとするか、１,２人称でも代名詞で人称を表すのを無標とするかは言語によって異なるものと思われる。

３－３．主語廃止論と主語存続論

　以上、三上と同じ土俵で論じる立場における主語存続論を見てきた。ここではこれらを踏まえた上での、主語廃止論に対する筆者の考えを述べてみたい。

　結論から述べれば、主語廃止論と主語存続論は共存できるのではないかということである。確かに、主語が「ない」という考えと「ある」という考えは論理的には共存し得ない。従って、主語存続論を認めるということは主語廃止論を否定することに

[*36] ３人称の場合、初出においては明示的に有形の要素を用いる必要があるが、日本語の場合、それ以降においてはやはり「非出現」が無標であろう。これが「ピリオド越え」である。

3. 主語廃止論に対する反論

なると言えなくもないが、少し論を進めることにする。

ここでもう一度、主語廃止論について考えてみよう。前述のように、主語廃止論は以下の2つの命題からなる[*37]。

(17) a. 「は」は主題(題目)であって主語ではない。

b. 「が」は主格であって主語ではない。

筆者の考えでは、このうち日本語の統語論においてより本質的なのは(17)aである。それは、三上自身が日本語の基本構造を「題述関係」と見なしていたことからも明らかである。

言い方を変えれば、(17)bで否定されている「主語」の存在を認めたとしても、そこで言われる「主語」は日本語の統語論の中では二次的、周辺的な意味しか持たないということになる。

実際、三上の言う「主格の相対的優位」と、原田らの言う「主語」の差は紙一重である。ここで両者の主張を比べてみよう。

(18) [「主格の相対的優位」の1つとして、4)敬語法で最上位に立つ、を挙げたのを受けて] 4)は実は不要であった。主格型(多数派)でこそ主格が最上位に立つが、位格型(少数派)では位格が最上位に立つからである。第1章に並べた文例をもう一度掲げる。

先生は、多くの本をお持ちです。

[*37] p.41(2)でも見たように、主語廃止論にとって最も重要なのは、「は」と「が」に、「主語」という同じラベルを貼らないということである。そういう意味では、「主語」という「用語」を廃止することが主語廃止論の本質的な目的ではないと考えられる。

§2　主語廃止論をめぐって

　　　先生には、多くの著書がおありです。

　　　　　　　　　　　　　　　　　　　　（『小論集』p.80）
　（19）　今四つの文法的事象を挙げて、そのいずれもにおいて、ある特殊グループの名詞句が他の名詞句とは異なる取り扱いを受けることを示した。これらの事象のあるものは、三上章も気づいていたが、彼はこれを他の格に対する主格の優位を示すだけのものであるとして、主語を認める根拠にはならないとしている。しかし、[(18)で三上が挙げているタイプの文における]助詞「に」を伴った名詞句は、「主格」とは呼べない性質のものであるから、[動作を表す述語を持つ文において、格助詞「が」を伴う名詞句と、状態を表す述語を持つ文において、格助詞「が」または「に」を伴う名詞句]を総合して「主格」と呼ぶことはできない。そこで、これらを総合したものは「主語」と名づけるのが妥当と思われる。

　　　　　　　　　　　　　　　　　（原田(1973=2000:480-481)）

要するに、三上は「主格ではないから主語ではない」と言い、原田は「主格ではないから(位格と合わせて)主語と呼ぶ」と言っているわけである [*38]。筆者には両者は実質的にはほとんど同じことではないかと思われるのである。言い換えれば、原田ら

[*38]　柴谷(1985, 1989)の議論の流れも基本的には原田のものと同じである。

3. 主語廃止論に対する反論

の立場を認めたとしても、三上の議論は基本的には影響を受けないということである[*39]。

一方、仁田(1997)に対する考え方であるが、ここで言われている「主語」は、上で見たように、一種の「一致」現象と解釈できよう。例えば、(20)a の「殴ろう」は「主語」である「私(たち)」を包含している(あるいはそれと「一致」している)と見られるし、(20)b の「殴れ」、(20)c の「殴りますか」は「あなた」と「一致」していると解釈できる。

(20) a. 田中を殴ろう。

　　 b. 田中を殴れ。

　　 c. 田中を殴りますか。

こうした文末形式が人称と完全に一対一対応していれば、日本語はイタリア語などと同じ pro-drop 型言語ということになる。もちろん、実際はそこまではいかないわけで、例えば、(20)c には第三者が「主語」である可能性もある。

もし、仁田(1997)の言う「人称制限」を「一致」現象と解釈することが可能であれば、三上の言う「日本語には一致現象は存在しない」という議論には修正が必要であるということになる。しかし、同時に、日本語は完全な pro-drop の言語ではないことも明らかであるから、三上の主張が完全に誤りであったと

[*39] 金谷(2002)は三上の議論の擁護のために、生成文法の考え方を激しく批判しているが、筆者にはその必要性が余り感じられない。

§2 主語廃止論をめぐって

は言えない。つまり、仁田(1997)の議論と三上の議論もまた共存可能であるように思われるのである*40。

これに関して、主題卓越、主語卓越という基準で言語を分類しその後の研究に大きな影響を与えた(cf. 柴谷(1989))、Li & Thompson(1976)に次のような興味深い記述がある。

> (21) <u>主語は本質的には文法化された主題である</u>。動詞の格枠組みの中に統合される過程の中で(そのように統合されたものを「主語」と呼ぶわけだが)、主題は何らかの点で主題としての純粋さを失い、主題としての性質のある部分が弱まる。しかし、[主語となったものの中にも]依然として主題らしさは感じられるのである。　　　　　　(Li & Thompson(1976:484)。下線筆者)

この規定に従えば、日本語とヨーロッパ言語との違いは質的なものというより、文法化の程度による量的なものということになる。さらに、主語が卓越していない言語*41 では「主語」というのは(原田(1973)、柴谷(1985, 1989)、仁田(1997)のように「主語」を認めるとしても)統語論的に重要なものではない

---

*40　ここで言う「共存可能」というのは、「どちらの立場を採っても筋が通る」という意味である。

*41　この論文では英語は主語卓立型言語、中国語は主題卓越型言語とされている。また、日本語は主題卓越型でありかつ主語卓越型でもあるとされている。筆者はこの論文の分析に基本的に賛同するものだが、日本語を「主語卓越型」でもあるとする分析には違和感を感じる。せいぜい、「主語としての性質も見られる」ぐらいが妥当ではないかと思われる。

ということになる。従って、これらの主語存続論を採ったとしても、それと三上の主語廃止論を共存させることは実質的には可能であると思われる。

4．本セクションのまとめ

　本セクションでは、三上が研究者としての生涯にわたって主張し続けた主語廃止論について、『象』の内容を中心に詳しく見てきた。主語廃止論は三上の生前には必ずしも広く受け入れられたとは言えないが、その死後30年を経た現在では学界において、ある種空気のような存在となっているように思われる。

　後半は主語廃止論に対する有力な反論である、原田－柴谷説と仁田説を検討した。どちらの説も主語を擁護するものとして有力ではあるが、それと三上の主語廃止論は実質的に共存可能であるというのが筆者の考えである。ただし、この点は議論の余地が多分にあり、三上の議論を踏まえた上でのさらなる議論が必要であるように思われる。

§3　三上文法各論－日本語学の土台としての三上－

　§2では三上文法の中心である主語廃止論について詳しく考えた。本セクションではそれ以外の三上文法のトピックを考えることにする。三上の興味は多岐にわたっているので、それを全て取り上げることはできないが、その中でも現在の日本語学につながっている（あるいは、つなげるべきである）と考えられるものを中心に取り上げていきたい。

1．陳述度（ムウド）

　最初に取り上げるのは陳述度という概念である。三上は、日本語には英語などと同じ意味での単文と複文の区別は存在しないと主張し、日本語では従属節の文らしさを表す「陳述度」という概念が重要であると主張した（『序説』p.182ff.）。これは、三上が「主語廃止論」を展開したことと表裏一体の関係にあるのだが、ここではその点についてまず述べる。

1－1．主語廃止論と陳述度

　§1,2で述べたように、三上は生涯を通じて主語廃止論を主張した。§2で詳述したように、ここで言う「主語」は統語的な意味での主語である。では、「主語」がないということは具体的にはどういうことであるのだろうか。

　日本語における複文の認定という問題を取り扱った寺村（1982）にあるように、英文法では通常、文を3種類に分ける。

1. 陳述度(ムウド)

例えば、Quirk et al.(1985:719)は次のような定義をしている[*42]。
(1) a. 単文(simple sentence)：独立節を1つ含む文
　　b. 複文(complex sentence)：1つ以上の独立節が1の節に従属している文
　　c. 重文(compound sentence)：2つ以上の独立節が等位接続された文

　この場合の「独立節(independent clause)」は定形動詞(finite verb)という概念によって規定されるものである。

　英語では、定形動詞はテンス、ムード[*43]を分化させ、主語と一致する(Quirk et al.(1985:149ff.))。一方、不定形動詞(non-finite verb)はそうした特徴を持たないもので、不定詞、現在分詞、動名詞、過去分詞がそれに当たる(Quirk et al.(1985:150ff.))。

　ここで重要なのは、「定形」という概念は「(統語的)主語」という概念の不可分のものであるということである。つまり、

[*42] Quirk et al.(1985:719)は名詞修飾節を含む文を単文としている。
　(ア) You can borrow the car that belongs to my sister.
　　　　　　　　　　　　　　　　　　　　　(Quirk et al.(1985:719))
　(イ) 母が買ってきた洋服は少し小さかった。
　　　　　　　　　　　　　　　　　(庵・高梨・中西・山田(2000:239))
筆者もこの考え方に賛成である。日本語学の標準的な考え方では(イ)のようなものを「複文」に含めるが、(イ)は従属節が主節と同じ文構造上の高さにないので、複文とすべきではないと考える。
[*43] ここで言う「ムード」は「直説法、仮定法、命令法」といった形態上の裏付けのあるものであり、三上や寺村の言う「ムード」(ほぼ、現在の「モダリティ」に当たる)とは異なるものである。

§3 三上文法各論

「定形」動詞があるということは「主語」との「一致」が存在するということと同義であるのである。

さて、「は」も「が」も主語であるとする学校文法では、単文と複文はどのように考えられているのであろうか。寺村(1982)によると、学校文法における単文、複文、重文の定義は次のようなものである。

(2) (a) 単文

　　　強い雨が降る。君と僕が行く。

(b) 重文（対等に並ぶ節でできている文）

　　　花は咲き、鳥は歌う。風も吹くし、雨も降る。

(c) 複文（文のある部分が節でできている）

　　　わたしが登ったのは富士山です。

　　　富士山は形がよい。

　　　道は遠かったが、元気で歩いた。

(寺村 (1982=1992:100-101))

寺村(1982=1992:101)が言うように、これは英文法の直訳であり、日本語の事実に即しているとは言えない。例えば、この定義で言えば、(3)a は複文で、(3)b は単文ということになる。

(3) a. 彼は<u>頭がいい</u>。

　　b. 彼は<u>賢い</u>。

筆者にはこうした定義は空虚で形式的なものに思われる。

このように考えてくると、三上が単文と複文の問題を重視した理由がわかる。つまり、三上は学校文法などで自明とされて

1．陳述度(ムウド)

いた「主語」という概念を否定したことから、そのことの帰結として生じてくる「単文・複文の認定の問題」(寺村(1982=1992)の論文名)に関して「挙証責任」を負うことになったのである。

1－2．単式、軟式、硬式

このように、三上は文を「単文」と「複文」に二分する考え方(「重文」は広い意味で「複文」に含まれる)を否定した。それに代えて三上が提出した概念が陳述度[*44]である。陳述度とは文が成立するための力である陳述を各従属節が担っている度合いである。言い換えると、陳述度というのは、従属節が持つ文らしさの度合いである。

この陳述度を測るために、三上は3つの統語的テストを考えている(『続・序説』pp.139-140)。

(4)【第1則】補語を食止めるか否か
　　【第2則】連体法に収まるか否か
　　【第3則】丁寧化が早いか遅いか

第1則は次のような現象である。

[*44] 三上は、文の客観的内容を表す部分をdictum、それに対する話し手の主観的判断をmodusと呼ぶバイイの説を受け、それぞれを「コト」(「コト」は無題化の際に「こと」という形式名詞を用いることに由来する名称だと思われる)と「ムウド」と呼んでいる(それぞれは、ほぼ、現在の「命題」と「モダリティ」に対応する)。そして、この「ムウド」に度合いがあるということから陳述度のことを「ムウ度」とも呼んでいる。

(5) 田中さんは|原稿を|書いて、出版社に送った。

(6) 私は|彼に|会って、本を渡した。

(5)の「原稿を」は「書く」の補語であるにとどまらず、主節の「送る」の補語にもなっている。つまり、(5)は(5)'のような構造を持っている。(6)も同様である。

(5)' 田中さんは原稿を書いて、原稿を出版社に送った。

これは見方を変えると、「原稿を」「彼に」がテ節を「通り抜けて」主節まで係るということである。このように、補語の通過を許す、言い方を変えると、補語を食い止めない従属節を三上は「単式」と呼んでいる。

なお、このような「通り抜け」が可能なのは「他にさえぎるものがない」場合に限られる。例えば、(7)の「彼に」は「飲む」の補語ではないので、テ節のあと立ち消えになる。

(7) 私は彼に会って、いっしょに酒を飲んだ。

ここで、(8)と(9)を比較してみよう。

(8) 太郎が部屋に入って、電気をつけた。

(9) 太郎が部屋に入ると、電気をつけた。

(8)のテ節は単式であるから、「太郎が」はテ節を通り抜けて主節の主格になる。従って、(8)で「電気をつけた」のは「太郎」である。一方、(9)のト節では「電気をつけた」のは(通常の解釈では)「太郎」ではあり得ない[*45]。これは言い換えると、

[*45] (9)で「太郎が」を音声的に強調して排他(総記)の解釈にすれば、「電気をつけた」の主格を「太郎」にできる。これは、排他の「が」が「は」

「太郎が」はト節を通り抜けられない(ト節が補語を食い止めている)ということである。このように、補語を食い止める節を三上は「複式」と呼んでいる。

さて、(8)と(9)の違いは見方を変えると、(8)の「太郎が」は主節に属しているのに対し、(9)の「太郎が」はト節に属しているということでもある。(8)'は(8)と同義になるのに対し、(9)'と(9)は意味が異なるのはこのためである。

(8)' 部屋に入って、太郎が電気をつけた。(=(8))

(9)' 部屋に入ると、太郎が電気をつけた。(≠(9))

この点で、三上の「単式」は南(1974)のA類にほぼ相当する[*46]。

第2則(「連体法に収まるか否か」)、第3則(「丁寧化が早いか遅いか」)は複式に関するものである。まず、第2則は次のような現象である。

(10) a. 私には〔誘われれば行く〕気持ちがあった。

b. 誘われれば行く気持ちがあって、パーティーへの招待を{受諾した／??受諾するだろう}。

c. 誘われれば、パーティーへの招待を受諾するだろう。

(11) a. ?私には〔誘われたが行きにくい〕事情があった。

b. 誘われたが行きにくい事情があって、パーティーに

と同じくとりたて助詞的であるためであろう(排他の「が」をとりたて助詞と見なす点については野田(1995)などを参照)。

[*46] ただし、三上は(ウ)のタイプのテ節も単式にしている。これは南(1974)ではB類とされるものである(寺村(1982=1992:110)も参照)。

(ウ) 彼が来て、彼女が帰った。(『続・序説』p.142)

行かなかった。

(10)aのバ節は名詞修飾節(連体節)の中に収まるので(10)aは自然だが、(11)aのガ節は名詞修飾節の中に収まりにくいので(11)aはやや不自然である。逆に、(10)bのバ節は文末まで係らないので(10)bで「だろう」を用いた例は不自然である((10)cは自然であることに注意)。一方、(11)bのガ節は文末まで係るので、(11)bは自然である。

三上は、バ節のように名詞修飾節に収まるタイプの複式を「軟式」、ガ節のように名詞修飾節に収まりにくいタイプの複式を「硬式」と呼んでいる。この区分で行くと、ノデ節は軟式、カラ節は硬式である[*47]。

(12)雨が降る<u>ので</u>遠足をやめた連中が映画館へ押寄せた。

(13)雨が降る<u>から</u>遠足をやめた連中が映画館へ押寄せた。

(『序説』p.186。原文の読点は除いた)

なお、軟式、硬式というのは名詞修飾の場合のことではないので、注意されたい。三上は(14)(15)のような従属節が持つ「勢」をそれぞれ「軟式」「硬式」と呼んでいるのである。

(14)雨が降る<u>ので</u>、明日の遠足は中止だろう。(軟式)

(15)雨が降る<u>から</u>、明日の遠足は中止だろう。(硬式)

最後の第3則(「丁寧化が早いか遅いか」)は次のようなものである。

[*47] (12)(13)に関する文法性判断は母語話者間でもゆれるが、三上と逆の判断をする人は筆者が聞いた範囲ではほとんど存在しないようである。

1. 陳述度(ムウド)

軟式と硬式はともに自前の主格補語をとれることからもわかるように一定の独立性(文らしさ)を持っている。

ここで、従属節が独立性を持っているとはどういうことであろうか。(16)を見てみよう。

(16)彼は部屋に ¦入って／？入りまして¦、電気をつけました。

(16)では文末が丁寧体であるにもかかわらず「入りまして」は使いにくい。これは、テ節(単式)のように従属度が高い節の場合、丁寧さは従属する主節のものに一致するということである(テンス、肯定否定、モダリティなども同様である)。つまり、(16)は(16)'のような構造をしており、丁寧さとテンスは主節のものが従属節に遡及しているのである。

(16)' 彼は ¦部屋に入って、電気をつけ¦ ました

このことから、従属節の独立性が高くなるほど、その節自体を丁寧にした方が自然になるということがわかる[*48]。

この観点から複式を見ると、軟式では丁寧形にしない方が自然であるのに対し、硬式では丁寧形にした方が自然になる。

(17)彼が ¦来たら／？来ましたら¦、パーティーは楽しくなると思います。(軟式)

[*48] 独立性が最大になるのは独立文の場合だが、この場合は丁寧形にすることが義務的である。
　(エ)＊彼は彼女のアパートに着きました。彼は部屋に入った。そして、電気をつけました。

(18) その日は ｛(?) 空いているから／空いていますから｝
パーティーに参加します。(硬式)

第3則はこのようなものであるが、三上は三尾(1942)の「丁寧化百分率」の考え方からこのテストの発想を得ている。丁寧化百分率とは概略、次のようなものである。つまり、小説の会話文や戯曲などの実例の中で、1)丁寧体が基調になっている(主文末が丁寧形である)、2)従属節を含んでいる、の2点を満たすものを母数とし、その中で、従属節を構成している接続助詞ごとに、(19)に当たる数値を出したものである。

(19) 従属節で丁寧形が使われている回数／全用例数×100

各接続助詞ごとの丁寧化百分率の数値は(20)のようである。

(20) が：94.5%　　けれど：86.0%　　から：73.0%
　　 し：58.0%　　ので：28.0%　のに：20.0%　と：7.3%

(20)を見ると、三上が硬式とする「が、けれど、から、し」の数値が高く、軟式とする「ので、と」の数値が低い。これは、三上の主張を裏付けるものであると言えよう。

1－3.3式の構文的意味

以上、単式、軟式、硬式の認定の仕方について述べてきた。ここではこれらの3式が持つ構文的意味について少し考える。

§1で見たように、三上は文の構造を木に見立てている。すなわち、木の幹に当たるものは「開いて」おり(「オウプン」)、枝に当たるものは「閉じて」いる(「クロウズド」)とする。

1．陳述度（ムウド）

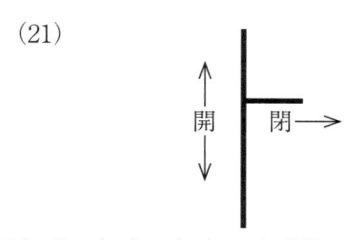

(21)

```
        │
    ↑   │
  開 │ 閉 →
    ↓   │
        │
```

　例えば、(22)や(23)では「彼が」と話し始めた勢い（三上はこれを「話線」と呼んでいる）は「出席する」「言った」まで一貫している。これが終止法の特徴であり、これを三上は「全開き」と呼んでいる。

　(22) 彼が会議に<u>出席する</u>。

　(23) 彼がそう<u>言った</u>。

　一方、(22)'のテ節のような単式の従属節は（ガ格を含む）全ての補語を通すので、話線の方向を変えない。従って、この場合も「全開き」である。

　(22)' 彼が大阪へ［行って］会議に出席する。

　ここで次の例を考えてみよう。

　(24) 彼がその本を書いた

　(24)は(25)aのようにそこで文が終われば「全開き」だが、(25)bのようにその後に名詞が来ると名詞修飾節になり、その節全体が枝の方に移ってしまう。これは(25)bを(26)のようにした場合、よりはっきりする。この場合の話線の流れは(26)'のようになる。

　(25) a. 彼がその本を書いた。

87

b. 彼がその本を書いた年に彼女は亡くなった。
(26)　彼女は彼がその本を書いた年に亡くなった。
(26)′
　　彼女は　彼がその本を書いた年に　亡くなった

　以上のことからわかるように、名詞修飾節は「クロウズド」である。ということは、名詞修飾節の中で留まる従属節は幹には行かず枝に行くということになる。

(27)a. 彼が頼めばやってくれる人は多いだろう。
　　 b.？彼が頼めばやってくれる人はいないだろう。

　ここで、(27)a, b の対比から、バ節は名詞修飾節の中に収まることがわかる((27)b で意図している意味を表す文は「彼が頼んだらやってくれる人はいないだろう」である)。つまり、バ節(軟式)は枝の方へずれようとする勢いを持っている。もちろん、(28)のように自立形を使えば話線の方向は変わらないが、「彼が頼めば」という話し始めの話線は(27)のような方向にずれていく可能性を潜在的に持っているのである。

　(28)彼が頼めばきっとやってくれる。

　こうした点を踏まえて三上は軟式を「半開き」としている。

　一方、(29)a, b が問題ないことからわかるように、カラ節は文末の述語(「多い」「いない」)にかかる。つまり、こうした硬式では、(27)のように話線が途中でずれるということがない。言い換えると、硬式もまた「全開き」である。

　(29)a.(彼は人気がある)彼が頼んだからやってくれる人は

1. 陳述度(ムウド)

　　多いだろう。

　　b.(彼は人気がない)彼が頼んだ<u>から</u>やってくれる人はいないだろう。

三上は以上の点を以下のようなたとえで説明している。

(30)ここでたとえを竹に移すが、フシとフシの間の中空な直線的な部分が単式である。フシのような継目、そこが割れやすいような継目を含んで折線式になっているのが複式である。(略)接続助詞「カラ」は割れやすい継目だから、そこで割れたのである。もっとも、閉じにしたために割れがはっきりしたまでであって、実は前の開きの例文のときにすでに割れているものと考えなければならない。　　　　　　　　　(『新説』p.273-274)

このように、単式、軟式、硬式の順に従属節の陳述度は高くなるが、三上はそれぞれに次のような数値を与えている。

(31)不定法　　　　　0　　　　単式
　　中立法　　　　　1／4　　　単式
　　条件法　　　　　1／2　　　軟式
　　終止法(係り)　　3／4　　　硬式
　　終止法(文末)　　1　　　　式以外(『続・序説』p.149)

このうち、不定法というのは(32)(33)の「行く、行った」の部分の名称である[*49]。この場合の陳述は「だろう」「方がいい」

[*49] この不定法に当たる用法を日本語教育では「普通形(plain form)」と呼んでいる(cf. 庵 (2002c))。

§3　三上文法各論

が担っており、「行く、行った」は語彙的意味のみを表す(従って、これらが丁寧形をとることはない)。

(32)彼はパーティーに ¦行く／行った¦ だろう。

(33)早く ¦行く／行った¦ 方がいい。

さて、三上は(31)のように陳述度を考えているが、これに合わせて「接続助詞」の定義が通常のものと異なっている。つまり、自立形に接続するもののみを接続助詞とするのである。この根拠の一つは先に挙げた三尾(1942)の丁寧化百分率である。

(34)が：94.5%　けれど：86.0%　から：73.0%

し：58.0%　ので：28.0%　のに：20.0%　と：7.3%

これを見ると、自立形に接続する「が、けれど、から、し」の数値が高い。これらは硬式である。硬式は終止法(言い切り)と同じく全開きである。三上が硬式になるもの(自立形に接続するもの)のみを「接続助詞」とするのは、硬式と終止法の共通性を重視するためである[50]。

一方、「ので、のに」は連体形に接続する(親切な ¦ので／のに¦、＊親切だ ¦ので／のに¦)点で、終止法との共通性がなく、軟式なので、三上はこれを接続助詞とはしていない。

このように、三上は、学校文法式の「単文、複文、重文」という区別を廃し、「単式、軟式、硬式」という区別を立てた。

---

[50] こうした観点からすると「と」が問題となるが、「と」は自立形の中でも辞書形しか取り得ない点などで特殊である。三上は「と」を「単式よりの軟式」としている(『続・序説』p.161)。

1. 陳述度（ムウド）

この区別は、主語廃止論を主張した三上がそのことから背負うことになった挙証責任を果たしたものであると言えるが、その背景には、主語廃止論の場合と同じく、「日本語の事実からの発想」がある。桑原武夫の言う「土着主義」である。

　三上の3式は、結果において南(1974)の「A類、B類、C類」の区別に非常に近いが、南のものが意味を重視したモデルであるのに比べ、より統語的な基準に基づくものであると言える。

§3　三上文法各論

２．「象は鼻が長い」構文

次に取り上げるのは「象は鼻が長い」構文である。

日本語には「XはYがZ(だ)」というパターンの構文が数多くある。このパターンは草野(1899)が「総主」という形で問題にして以来、様々な形で論じられてきた。

三上がこの構文を重視していたことは『象は鼻が長い』というのを書名としていることからもわかる。実際、この構文の正しい理解は三上の『象』から始まると言ってもよいであろう(この構文の研究史の簡潔な要約が『革新』にある)。

２－１．「象は鼻が長い」構文とその類似構文

§2で見たように、『象』は「は」の本と言ってもよい。そこには様々なタイプの「XはYがZ(だ)」構文が含まれている。これらはその後の研究でさらに深く研究されているが、野田(1996)にまとめがあるので、まずそれを取り上げる[*51]。

(1) a.「象は鼻が長い」構文

　　　(格成分の連体修飾部が主題になっている文)

　　b.「かき料理は広島が本場だ」構文

　　　(述語名詞の連体修飾部が主題になっている文)

　　c.「辞書は新しいのがいい」構文

　　　(被修飾名詞が主題になっている文)

---

*51　これ以外に、ヲ格が主題化した場合があるが、これについては§2で取り上げたので、ここでは省略する。

d.「花が咲くのは７月ごろだ」構文

（節が主題になっている文）

この４つのタイプのうち、本書では(1)aについて少し詳しく考えるが、残りのタイプについても簡単に見ておく。

２－１－１.「かき料理は広島が本場だ」構文

「かき料理は広島が本場だ」構文は、(2)aと(2)bの関係に当たるもので、(2)aの述語名詞句の「Xノ」が主題化したものである。

(2) a. 広島はかき料理の本場だ。

　　b. かき料理は広島が本場だ。

この構文については、野田(1982, 1996)、西山(1990)、菊地(1997)などに詳しい議論がある。特に、菊地(1997)はこの構文について極めて詳細に論じたものであり、参考になる点が多い。従って、詳しいことは菊地(1997)に譲ることにする。

２－１－２.「辞書は新しいのがいい」構文

「辞書は新しいのがいい」構文は、(3)aと(3)cの関係に当たるもので、(3)aの「辞書」が主題として文頭へ移動したあとに形式名詞「の」が挿入された形になっている。

(3) a. 新しい辞書がいい。

　　b. 辞書は新しい＿＿がいい。

　　c. 辞書は新しいのがいい。

2−1−3.「花が咲くのは7月ごろだ」構文

「花が咲くのは7月ごろだ」構文は、(4)aと(4)bの関係に相当するものであり、「強調構文」「分裂文」などと呼ばれているものである。

(4) a. 花は7月ごろ咲く。
　　 b. 花が咲くのは7月ごろだ。

(4)bは(4)aの「7月ごろ」を強調するために使われている。こうした構文は節が主題になっている点を除いて通常の「は」の文と変わらない（野田（1996:64））。ただし、次のように、この構文を使う方が自然な場合がある。

(5) 昨夜中央高速で事故があり、2人が死亡した。死亡したのは国立市のAさんとBさん。(?国立市のAさんとBさんが死亡した。)Aさんが運転していた車がスリップしたのが事故の原因と見られている。

(6)　衆院青少年問題に関する特別委員会は18日、児童虐待に取り組む市民グループや現職の児童相談所長を招致して審議を行った。(略)

　招致されたのは、今井宏幸・埼玉県中央児童相談所長と、「子どもの虐待防止センター」（東京都）の上出弘之理事長。(?今井宏幸・埼玉県中央児童相談所長と、「子どもの虐待防止センター」（東京都）の上出弘之理事長が招致された。)厚生、文部、法務、総務、警察の各担当局長らも政府参考人で出席した。

2.「象は鼻が長い」構文

(毎日新聞朝刊 1999.11.19)

(7) 米ネバダ州ラスベガスで3日午前5時15分ごろ、迷彩服を着た男がスーパーマーケットに押し入り散弾銃を乱射した。この事件で4人が死亡し1人が重体となっている。男は駆け付けた警察官に殺人容疑などで逮捕された。

　射殺されたのは店員3人と客1人。(？店員3人と客1人が射殺された。) 遺体は広い店内のそれぞれ別の場所にあり、犯人が逃げ惑う店員らを狙い撃ちした可能性が強い。　　　　　　　(毎日新聞夕刊 1999.6.4)

これらは共通に次のようなパターンを持っている。

(8) Xが／Xを(etc.) V。V'のはX'。

X'はXを詳しく述べたもので、V'はVと同じ場合もあるが、Vと関連があるもののこともある。例えば、(5)では、前文で「2人」という形で出てきたものを後文で「AさんとBさん」と詳しく述べている。また、VとV'の関係で言えば、(5)のように全く同じ場合もあれば、(6)の「招致する」と「招致される」のようにボイスが異なる場合や、(7)のように、「乱射する」→「射殺される」のように類推によるものもある。

これらの場合、この構文を使わずに(5)'のように一文で述べることも可能である。ただ、こうした出来事を導入する文の場合、そこに現れる名詞句は初出であり、新情報である。そのため、固有名詞の使用はできるだけ避けられるものと見られる。

(5)' 昨夜中央高速で事故があり、国立市のAさんとBさんが死亡した。

(7)の場合も(7)'のように述べることは可能だが、文が長くなることと、「銃で撃って重体にさせる」ということを1語で表すことができないため、下線部の表現がアンバランスになることため、(7)の方が好まれるのではなかろうか。

(7)' 米ネバダ州ラスベガスで3日午前5時15分ごろ、迷彩服を着た男がスーパーマーケットに押し入り散弾銃を乱射して、店員3人と客一人を<u>射殺し</u>、1人が<u>重体となっている</u>。

2-2.「象は鼻が長い」構文をめぐって

さて、ここからはこれまでの研究史上の中心であった「象は鼻が長い」構文について少し詳しく見ていくことにする。

2-2-1.「象は鼻が長い」構文の分析とその批判

『革新』にある三上自身による総主構文の研究史の概観によると、草野清民が「総主」という問題提起をした当時から(9)がこの構文を代表する例文とされてきたようである。

(9) 象は鼻が長い。

この(9)の派生法については3つの説がある。

(10) a. 象の鼻が長い(こと)を基底とする(『象』)
　　 b. 象が鼻が長い(こと)を基底とする(北原 (1981))

2.「象は鼻が長い」構文

   c. イ→ロ→ハの順に派生する(野田（1996))。
    イ. 象の鼻が長い(こと)
    ロ. 象が鼻が長い(こと)
    ハ. 象は鼻が長い。

一方、西山(1989)の分析はこれらのものとかなり異なる。西山は(11)は措定文であるとする[*52]。

  (11) 象は　鼻が長い
     主題　　属性

そして、この場合、(12)a を(12)b や(12)c から主題化によって派生させるのは誤りであるとしている。

  (12) a. 象は鼻が長い。
    b. 象の鼻が長い（こと）
    c. 象が鼻が長い（こと）

西山の議論は説得的であるが、三上や野田の議論と噛み合っていない点があるようにも見られる。西山は(13)a という「文」を(13)b という「文」と結びつけることを批判している。この批判は妥当なものである。(13)a は措定文なのに対し、(13)b は指定文であるからである。

  (13) a. 象は鼻が長い。（措定文）

[*52] なお、西山は(11)には(オ)のようにパラフレーズできる意味があることを指摘している。西山はこの解釈を「領域限定つきの指定文」と呼んでいる。
  (オ) 象は 何が長いかというと鼻だ

b. 象が鼻が長い。(指定文)

　しかし、この批判は必ずしも三上や野田に対する批判にはならないのではないかと思われる。なぜなら、三上や野田が(13)aの基底として考えているのは(14)a, bのような「名詞句」だからである((13)aの基底として(14)aまたは(14)bを考えるというのが「無題化」ということである)。

　　(14) a. 象の鼻が長い(こと)
　　　　b. 象が鼻が長い(こと)

２－２－２．「象は鼻が長い」構文の分析私案

　このように、西山(1989)は必ずしも三上や野田の分析に対する批判にはならないと考えられるが、西山(1989:119ff.)が指摘するように、(15)a→(15)bという変形(久野(1973)が「主語化」と呼ぶもの)は一見するとアドホックな感を否めない。

　　(15) a. 象の鼻が長い(こと)
　　　　b. 象が鼻が長い(こと)
　　　　c. 象は鼻が長い。

　筆者も(15)cの基底構造を(15)aと考える三上の考え方には少し違和感を感じる。少なくとも、(15)aを基底とする場合、(16)aと(16)bという２つの派生が考えられるはずで、(16)aが好まれる理由を独立に述べる必要があるように思われる。

　　(15) a. 象の鼻が長い(こと)

(16) a. 象は鼻が長い。

　　b. 象の鼻は長い。

この点について示唆的な指摘を張麟声が行っている。

張(2001)は(18)a, b のように、日本語でも中国語でも(16)a, b いずれのタイプの主題化も可能であることを認める一方、中国語の方が(16)b のタイプを好む傾向があることを指摘している。例えば、(19)a に対応する(20)a は使えず、(19)b に対応する(20)b を使う必要があるという(cf. 張(2001:216-217))。

(17) a. ぼくは鼻が悪い。

　　b. ぼくの鼻は悪い。

(18) a. 我鼻子不好.

　　b. 我的鼻子不好.

(19) a. 圭子は足が痛い。

　　b. ?? 圭子の足は痛い。

(20) a. *圭子脚疼.

　　b. 圭子的脚疼.

この指摘は「象は鼻が長い」構文の派生を考える上で示唆的である。そもそも、三上が(21)a の基底と考える(22)は(23)のような構造を持っていると考えられるので、中国語に見られるような(21)b のタイプの主題化は構造的には自然なものと考えられる。確かに、日本語の感覚では、(19)b の「圭子の足」のようなものを主題とする文には違和感があるが、構造的にはこ

うした解釈は十分あり得るはずである。

(21) a. 象は鼻が長い。(=(16) a)
　　 b. 象の鼻は長い。(=(16) b)
(22) 象の鼻が長い(こと)(=(15) a)
(23)
```
          A P
        /     \
      N P 1    A
     /    \
   N P 2   N
    △
   象の    鼻    長い
```

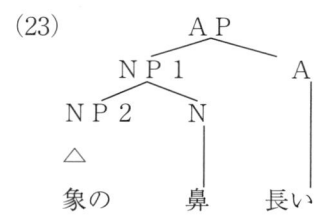

このように、構造的に考えれば(19)bは使えてもおかしくない(実際、(20)bは全く問題がない)のに、実際には(19)bは使えず、(19)aしか使えない。筆者は、これについては日本語に次のような制約があると考えるべきではないかと考える。

(24)「人／動物」と「もの」がある場合、可能な限り「もの」を主格とする文を避けよ [*53]。

つまり、(19)bが使えず(19)aが使われる(そして、(21)bよりも(21)aの方が自然なことが多い)のは、(23)のような構造において、一見すると、NP1を主題化することが自然である(中国語ではこの選択肢が選択されやすい)にもかかわらず、(24)があるために、NP2を主題化するというむしろ有標な選択肢が

[*53] もちろん、三上の言う所動詞の場合のように、「もの」しか要素がない場合は、この規定は当てはまらず、「もの」が自動的に主格となる。

2.「象は鼻が長い」構文

選択されるということではないかと考えるのである。

この考えは庵(2012)で「中間的な受身」と呼んでいるタイプの受身との関連からも支持されよう。庵(2012)は「持ち主の受身、第三者の受身」と呼ばれているタイプの受身を一括して「中間的な受身」と呼んでいるが、このタイプと対応する直接受身の関係を見ると次のようなことが観察される。

(25)～(27)の各文において、a は中間的な受身で、b は直接受身である。(25)では、(25)a, b とも(25)c と関連があるが、(25)aでは「Xノ」だけが受動文の主格になっているのに対し、(25)bではヲ格名詞句全体が受動文の主格になっている。

(25) a. 田中さん<u>は</u>誰かに頭を殴られた。

b. 田中さんの頭<u>が</u>誰かに殴られた。

c. だれかが田中さんの頭を殴った。

(26) a. 田中さん<u>は</u>泥棒に財布を盗まれた。

b. 田中さんの財布<u>が</u>泥棒に盗まれた。

(27) a. 田中さん<u>は</u>弟を通り魔に殺された。

b. 田中さんの弟<u>が</u>通り魔に殺された。

そして、それぞれの文における許容度は次のようである。

101

§3 三上文法各論

(28)

	中間的な受身	直接受身
身体部位	◎	×
持ち物	◎	○／△
親族など	◎	◎

　(28)から、(25)(26)では中間的な受身の方が直接受身よりも自然だが、(27)ではその差がなくなることがわかる。(25)(26)と(27)の違いは主格が「人」か「もの」かである。ここでも(24)の制限が影響を与えていると言えるのではなかろうか。

　もしこの仮説が正しければ、「象は鼻が長い」構文で、(24)の制限の有無の違いに由来する分布を示した中国語では(25)bや(26)bに対応する文が問題なく使えることが予想されるが、張(2001:130-131)の記述からこの予想が正しいことがわかる。

　張(2001:130)によると、日本語では極めて許容度が低い(29)aに対応する中国語の文である(30)aは全く問題がなく、(29)bに対応する(30)bと同様に自然に使われるという[*54]。

[*54] 筆者が中国語母語話者向けの文法の講義でこの現象を取り上げるたびに聞く(中国語母語話者の)反応は、中国語には(24)のような制限がない

2.「象は鼻が長い」構文

(29) a. ?? 張三の目 {は／が} 李四にやられた。

　　b. 張三は李四に目をやられた。

(30) a. 張三的眼睛被李四打伤了.

　　b. 張三的眼睛被李四打伤了.

この二つの統語現象に関する日本語と中国語の差異を説明するには(24)のような制約を日本語の側に設定する必要があるように思われる。もしこれが正しければ、(15)cを(15)a→(15)b→(15)cという順で派生させるという野田(1996)の説、及び、久野(1973)の「主語化」という統語操作の必要性の根拠は(24)という制約の存在に求められるということになる。

(15) a. 象<u>の</u>鼻が長い(こと)

　　b. 象<u>が</u>鼻が長い(こと)

　　c. 象は鼻が長い。

そして、このことは(15)cの基底として(15)aを考えるという三上の主張の正しさを論証することにもなろう[55]。

ので、(25)bや(29)aが不自然だということが感覚としてわからないというものである。

[55] 「象は鼻が長い」構文について興味深い指摘がLi & Thompson (1976)にある。同論文ではこの構文を「二重主語文("double subject" construction)」と呼んでいるが、この構文は「最も典型的な主題-解説構文」であり(p.480)、「全ての主題卓越型言語がこのタイプの構文を持っているが、管見の限り、純粋な主語卓越型言語にはこのタイプの構文は見られない」(p.468)という。ここで指摘されている事実は、日本語の基本構造を題述関係であるとし、『象』その他でその正しさを主張し続けた三上の考え方の正しさを証明しているように思われる。

§3　三上文法各論

3．アスペクト、テンス、「ノデアル」

次に取り上げるのは、テンス、アスペクト、及び、「のだ」についてである。

三上はこれらについて『序説』と『構文』でしか触れていないが、この3つを相互に関連づけて述べている。三上の説はその後の研究史であまり取り上げられていないようにも見えるが、興味深い指摘が見られる。なお、『序説』での提出順に従い、アスペクト、テンス、「ノデアル」の順に述べる。

3－1．アスペクト

三上がアスペクトの問題として最も重視しているのは「完結的(perfective)」と「状態的(imperfective)」[56]の対立であり、両者を区別する基準として次の3つを挙げている。

第一は、タ形で言い切った場合に動作・出来事が終結しているか否かであり、終結しているものを完結的、必ずしも終結しているとは言えないものを状態的とする。例えば、(1)では降雨という出来事が終結していることが明瞭であるので(1)は完結的であるが、(2)では「賞品」が机上にあり続けているかもしれないので、(2)は状態的である。

---

[56] この用語は『構文』のものであり、『序説』ではそれぞれ「パアフェクチブ」と「インパアフェクチブ」と呼ばれている。

3. アスペクト、テンス、「ノデアル」

(1) 昨日、雨が降っ<u>た</u>。

(2) 昨日、机上に賞品があっ<u>た</u>。((1)(2) は『序説』p.210)

第二の基準は、テイル形が可能であるか否かであり、可能であるものを完結的、不可能であるものを状態的とする。

第三の基準は、ル形で言い切った際に未来を表すか否かであり、未来を表すものを完結的、現在を表すものを状態的とする。

これらの基準から、状態的になるのは「いる、ある」などごく一部の動詞であり、大部分の動詞は完結的になる。

この分類は金田一(1950)の分類と近い点を持っている。三上自身の考えでは、ここでの完結的－状態的の対立と金田一の分類は次のような対応関係にある。

(3) 動詞―― 状態的(imperfective) ―― 状態動詞
　　　　＼完結的(perfective) ―― 継続動詞
　　　　　　　　　　　　　　　　瞬間動詞
　　　　　　　　　　　　　　　　特殊動詞(第4種の動詞)

(『序説』p.215)

この分類からいくつかの統語現象が説明される。例えば、「～ながら」が付帯状況(三上の用語では「動作進行中」)になるか逆接(三上の用語では「反戻」)になるかは、「～」の部分の動詞の種類に依存するとする。つまり、完結的の場合は付帯状況(状態性)になるのに対し、状態的の場合は「ながら」の持つ状態性と動詞自体の意味が持つ状態性が重なって余剰的になるため、(付帯状況ではなく)逆接になるというのである。

「〜てしまう」の意味にも言及がある。三上は「〜てしまう」の基本義を「抵抗を押し切って動作を完成する心持」とし、(4)のような取り返しのなさを表すのが基本であるとしている。

　(4) じっと我慢していたが、とうとう泣出してしまった。

(『序説』p.218)

そして、そうした意味上の制約のため、そうした抵抗のない状態的な動詞とは使われないとする。さらに、完結的でも継続動詞と使われると、動作の継続自体に努力が必要なので、その努力を経たものとして単なる完了も表せるとしている。

さらに、動詞以外のアスペクトについては、「〜である」は「ある」に由来するので状態的であるとし、形容詞も状態的であるとする。そして、動詞も否定形にすると(活用の種類にも見られるように)形容詞に近づくため、状態的な使い方が出てくるとしている。

ここで三上が述べていることは現在から見ても妥当な点が多いが、現在は通常、perfective − imperfective の対立をル形とテイル形の対立と考えるのに対し、三上はそれをル形同士の関係(非状態動詞−状態動詞)で捉えている点はやや異色である。

3−2. テンス

三上は活用の基本をテンスとムードによっている。次の部分にそうした考えがはっきりと現れている。

3．アスペクト、テンス、「ノデアル」

(5) そこで多くの活用形をどのように並べたら最も便利になるか、(略)そういう活用表の作成が文法の仕事なのである。(略)そのために類似と対応を求めて、できるだけ少数の座標に収容しなければならない。この少数の座標が活用のカテゴリイである。ヨオロッパ語だけに必要な人称と数のカテゴリイを除くと、あと座標の種類はそう多くなく、普通は二つで足りる。第一の座標がムウドであり、第二の座標がテンスである。テンスの代わりにアスペクトを座標とする言語もあるだろう。しかし、この三つを同時に必要とする言語はあまり多くないのではあるまいか。テンスの他にアスペクトをも表出する場合には、活用形以外の手段で表出する、というようなのが普通だろうと想像する。

(『序説』pp.163-164)

こうした捉え方に基づく三上の活用表が§1で挙げた次の(6)である(「基本時」「完了時」は『続・序説』の用語で、『序説』ではそれぞれ「現在時」「過去時」となっている)。ここに見られるように、三上の活用表はテンスとムードの組み合わせからなる二次元的なものである[57]。

---

[57] なお、これは現代語に関するものであり、ここでは「行けば」などは分割せず一語として扱われているが、古典語(音便化が起こる以前)については、「行かば＝行か－ば」「行けども＝行け－ども」のように分割するべきであるとしている(『構文』p.8)

§3 三上文法各論

(6)

ムード \ テンス	基本時	完了時
語幹	yom-	yond-
中立形	読み	読んで
自立形	読む	読んだ
条件形	読めば	読んだら
推量形	読もう	読んだろう
命令形	読め	

　このように、テンスを位置づけた上で、三上は過去形と現在形の対立を次の五つに分けて整理している(『序説』p.220ff.)。

　(7) a. 事実としての完了と未了
　　　b. 心理的な完了と未了
　　　c. 期待の有無
　　　d. 想起と主張
　　　e. 儀礼的な問いとただの問い

3. アスペクト、テンス、「ノデアル」

（7）aの対立は、過去と非過去の対立に対応する。未来も習慣も「完了」ではないという意味で「未了」になる。

（7）bの対立は、主に状態的な動詞に見られるもので、「客観的事態としてはほとんど違わないか、或いは全く違わなくても、それを経験として報告する（間接的に）か、知覚として表出する（直接的に）か、そういう主観的相違によってテンスを変える」（『序説』p.222）場合である。例えば、（8）a, bの対立がそれに当たる。

(8) a. この椅子は先刻からここにあった。
  b. この椅子は先刻からここにある。（『序説』p.222）

なお、いわゆる歴史的現在もこの対立の例である。

（7）cの対立（「期待の有無」）は、期待などが存在する場合はタ形が、そうでない場合はル形が使われるというものである。

(9) a. 探してた傘、こんなところにあった。
  b. 黒板の下に傘がある。

例えば、帽子が風で飛ばされるのを見た瞬間には(10)aのように言うのに対し、帽子が飛ばされる直前を見ていた場合は(10)bのように言う。

(10) a. あっ、帽子が飛んだ。
  b. あっ、帽子が飛ぶ。

この対立は（7）aに当たるものであるとも見られるが、三上は、帽子が飛びそうだという緊張が解放された時点で初めてタ

形が使えると考えると、これも(7)cの例であるとし、テンスとムードの関係の密接さを指摘している。

(7)dの対立(「想起と主張」)は想起に関わるもので、同じ内容でも、想起の場合はタ形が、命題内容が真であると主張する場合はル形が使われる。

(11)a. 明日は会議が<u>ありました</u>。(想起)
　　 b. 明日は会議が<u>あります</u>。(主張)

また、(12)のような場合、タ形は「既に教えたはずという心持」を表す(『序説』p.226)が、これ場合も客観的には同じ(数学的)事実を表すものに対する話し手の捉え方の違いがテンスの選択に反映している。

(12)a. 七分の一は循環小数<u>だった</u>ね?
　　 b. 七分の一は循環小数<u>だ</u>ね?

最後の(7)eの対立(「儀礼的な問いとただの問い」)は(7)dの対立(「想起と主張」)が儀礼化したものであるとし、(13)aや(14)aのようなものがそれに当たるとする[*58]。

(13)a. 油絵をお描きになりましたね。
　　 b. 油絵をお描きに<u>なります</u>ね。　　(『序説』p.226)
(14)a. お名前は何と<u>おっしゃいました</u>?
　　 b. お名前は何と<u>おっしゃいます</u>?　　(『序説』p.227)

この場合、「相手を既に知っているという気持ちを表すこと

[*58] 実際にど忘れした場合には(7)dの想起になる。

が敬意になる」(『序説』p.227)という。この点は、英語の法助動詞を用いた表現で、bの「過去形」を用いた表現の方が間接的で(丁寧で)あるというのと相通じるものであろう。

(15) a. <u>Will</u> you please help me?

b. <u>Would</u> you please help me?

(16) a. He <u>may</u> be right.

b. He <u>might</u> be right.

これに関連して、最近、ファミリーレストランなどで、店員の「空いたお皿をお下げしてもよろしかっ<u>た</u>でしょうか」といった言い方を耳にすることがあるが、この場合のタ形は「丁寧」という意識に基づくものであると考えられるので、ここで三上が言う「儀礼的」な場合に当たるのではなかろうか。

この(7)a～(7)eのうち、心理的なものには状態的な場合が多い。三上はこの点を捉えて、「テンスを明らかにするためには、まずアスペクトを明らかにする必要がある」(『序説』p.227)と述べている。

なお、(7)c～(7)e(及び(7)b)は寺村(1971)の「ムードの'タ'」に当たる。寺村はこれらのムード的側面を重視したわけだが、これらは基本的にテンスの一変種として捉えることができるであろうと思われる。この点については金水(2001)にも優れた考察がある。

さて、ここまでは(自立形の)終止法の場合であるが、三上はそれ以外の場合のテンスについても言及している。

まず、(自立形の)連体法では「完了－未了」の対立が前面化する。これがいわゆる相対テンスである。

　次に、中立法の場合は陳述性は弱いものの、テ形(完了時)の方が連用形(基本時)よりも完了の意味合いがはっきり出る。

　その例として、三上は次の例を挙げている。

　　(17) a. 甲氏と夫人、乙君と妹さんが見えた。

　　　　b. 甲氏、夫人と、乙君、妹さんが見えた。

　　(18) a. 三越へ行って洋書を買い、丸善へ行ってネクタイを買った。

　　　　b. 三越へ行き洋書を買って、丸善へ行きネクタイを買った。　　　　((17)(18)は『序説』p.229)

ここで、(18)aの方が(18)bよりもこなれた区切り方だが、その理由を三上は、テ形には完了性があるので、(18)aの読点の前後はそれぞれは「三越で洋書を買う」「丸善でネクタイを買う」という命題を表す一方、連用形には完了性が希薄であるため、この二つの命題を併置するのに有効である、という点に求めている。言い換えると、テ形の方が連用形よりも前後を結びつけて一体化する力が強いということである。

　これは、(17)aが(17)bよりもこなれた区切り方であるのに対応しており、三上はこのことを「トテ双声」と呼んでいる。

3－3．ノデアル(のだ)

　本節で扱っている三つの統語現象のうち、後の研究に最も影

3．アスペクト、テンス、「ノデアル」

響を与えているのが「のだ」(「ノデアル」)である。

3－3－1．「のだ」の基本的な性格

三上は「のだ」を「形式名詞(三上の言い方では「準詞」)＋だ(準詞)」とはせず、それ自体を一つの準詞としている。その根拠は「のだ」が「ガノ可変」を失っているためである。「ガノ可変」というのは、名詞修飾節の中では主格を「が」ではなく「の」で表示できるという性質である。

(19)雨 ｛が／の｝ 降る日は運転に注意が必要だ。

こうしたことは文末では起こらない。

(20)明日は雨 ｛が／＊の｝ 降る。

「のだ」はガノ可変を失っている。

(21)昨日地震 ｛が／＊の｝ あったのです。

このように三上は「のだ」を考察対象として取り出している。

(22)a. 何々するのである

b. (何々する＋の)＋である

c. 何々する＋(のである)

つまり、(22)a を(22)b ではなく(22)c と分析するわけだが、それに付随して、次のように述べている。

(23)この連体部分「何々スル」を既成命題とし、それに話し手の主観的責任の準詞部分「ノデアル」を添えて提出するというのが反省時の根本的意味だろうと思う。

(『序説』p.239)

この引用文中の「既成命題」という捉え方はその後の研究史上重要な役割を担っている[*59]。

3-3-2．「のだ」の形態論的ステータスとテキスト的機能

　この規定に比べ、その後の研究史ではあまり重視されていないのが、「反省時」「組立時」という考え方である。

　まず、次の部分を見てみよう。

> (24)「何々スル、シタ」の単純時に対し「何々スル、シタ＋ノデアル、アッタ」を反省時と呼んで対立させる。英文法で単純時と組立の完了時とが対立して、結局広義のテンスが二々が四つになっているようにである。「ノデアル」の機能はテンスばかりでなく、ムウド的なもの、アスペクト的なものにわたっているが、名称としては便宜上テンス扱いにし、各テンスの条下にいろんな用法を説こうという計画である。
> (『序説』p.238)

　ここで述べられているように、三上は「のだ」を第一に形態論的カテゴリーとして規定している。三上が考えているパラダイムを『序説』p.240の表をもとに作ると(25)のようになる。

[*59] 例えば、佐治(1981=1991:229)の「「～のだ」の「の」は、その前の述語の連体形によって表される判断をいったん固定化し、「だ」はそれをもう一度主観的に断定するものである」という規定における前半部分も、ここでの三上の規定の延長線上に捉えることができる。

3. アスペクト、テンス、「ノデアル」

(25)

	<反省時なし>	反省時現在	反省時過去
単純時現在	する	するのである	するのであった
単純時過去	した	したのである	したのであった

このパラダイムからわかるように、「のだ」は「反省時」を表す。単純時と反省時には次のような違いがあるという。

(26) 単純時：直接経験−報告−独立的−順

　　 反省時：間接経験−解説−関係的−逆

まず、「順」と「逆」だが、この点は三上が挙げている次の例を見るとわかりやすい。

(27) 寺田は一代（女の名前）が死んでまもなく史学雑誌の編集を(a)<u>やめさせられた</u>。看病に追われて怠けていた上、一代が死んだ当座ぽかんとして半月も編集所へ顔を(b)<u>見せなかったのだ</u>。寺田は又旧師に泣きついて、美術雑誌の編集の口を世話して(c)<u>貰った</u>。編集員の二人までが折から始まった事変に招集されて、欠員が(d)<u>あったのだ</u>。

（織田作之助「競馬」。『序説』p.241 より。表記は現代仮名遣いに直した）

この例の下線部（単純時）では出来事は時間通りに進んでい

§3　三上文法各論

く。一方、破線部(反省時)はその時点での解説を表し、時間の進み方は逆になる。時間の進み方は次のように図示される。

　(28) b → a → d → c

　このことから「独立的」「関係的」という点も明らかになる。つまり、「のだ」は(多くの場合)前文に対するコメントを表すので、それ単独では存在し得ず、基本的に前文との関係の中で存在することになる[*60]。そして、前文との関係の中で存在するということから、テキスト内での表現効果として解説的というニュアンスが生じることになる。

　「のだ」の持つこうした性質は工藤(1995)がテイル形やル形に関して指摘しているテキスト内での「タクシス」と呼ばれる性質であり、「のだ」の機能を理解する上で極めて重要なものと考えられる。この点について、三上は次のように述べている。

　(29) アスペクトの問題で、パアフェクチブの単調性に対しインパアフェクチブの粘着性ということが言われるが、我々の現代語では、この単調性と粘着性の対照が単純時と反省時の相違にもなっている。

(『序説』p.239)

　今まで述べてきたのは「のだ」のテキスト内での機能であるが、「のだ」の形態論上のステータスというのも重要な点である。

[*60] こうした関係的なあり方が野田春美(1997)、庵(2012)、庵・高梨・中西・山田(2001)などの言う「関連づけ」である。

3. アスペクト、テンス、「ノデアル」

これについて三上は「のだ」を組立時としている。組立時とは英語の完了形のように構成されているものである。(24)における「組立の完了時」という表現に注意されたい。

(30) go（現在）　　　　　　　　have gone（現在＋完了）
　　 went（過去）　　　　　　　had gone（過去＋完了）

この英語のパラダイムとのアナロジーで言うと、「のだ」「のだった」は「完了形」であると言える。

3-3-3.「のだった」の性質

以上のような「のだ」の特徴付けから、「のだった」が持ついくつかの興味深い性質が出てくる。まず、「のだった」には次の三つの用法がある。

(31) a.「のだ」の過去形
　　 b. 再発見
　　 c. 反事実

(31)a は次のような例である。

(32) 対局を終えて、前田アパートに帰った村山はぐったりと倒れ込んでしまった。

　　　感情だけは高ぶり、トミコにきつく当たり散らす。そんな息子がトミコは不憫に思えてしかたがない。うまく感情を抑え込むことができないのである。

　　　翌日、朝一番の新幹線でトミコは広島に帰る。そして、家の用事をすませてまた大阪にとんぼ返りして村

§3 三上文法各論

山を住友病院まで連れていき、翌日の新幹線でまた広島に帰る<u>のだった</u>。　　　　　（大崎善生「聖の青春」）

この用法は語りの文脈に限られる。三上もこの用法について、「文章によく使われ、殊に反訳文によく出てくる。その意味はちょうどフランス語の imperfect（未完成的な過去、アンパルフェ訳して半過去）にそっくり当たるようである」（『序説』p.236）と述べている。この用法では、(32)に見られるように、「のだ」と「のだった」が交代可能であることが多いが、これは、この場合の「のだ」のテンスが、工藤（1995）、益岡（1991）などで議論されている「語りのテンス」であるためである。

次に、(31)b（「再発見」）は次のような例である。

(33) 田中さん、来月結婚するんだって。
　　ーーへえー、田中さん、（来月）結婚す<u>るんだ</u>。
(34) 田中さん、先月結婚したんだよ。
　　ーーへえー、田中さん、（先月）結婚し<u>たんだ。</u>
(35) ＜少し前にもらっていた結婚式の案内状を見て＞
　　そうそう、田中さん、来月結婚す<u>るんだった。</u>
(36) ＜少し前にもらっていた結婚の挨拶状を見て＞
　　そうそう、田中さん、先月結婚し<u>たんだった。</u>

(33)～(36)において、「のだった」は想起や再発見を表し、「のだ」は（情報の）発見を表す。この場合の「のだった」は3－2で扱ったタ形の一部の用法（寺村（1971）の「ムードの'タ'」）に対応しており、テンスの体系の中に組み入れられるべきもの

である（cf. 庵（2002c, d））。

最後の(31)c(「反事実」)は次のような例である。

(37)（将棋の指し手について）君がそう指すとわかっていたら、別の手を指す<u>んだった</u>よ。

こうした「のだった」は反事実を表す。これにも三上は触れており、「反省過去には後悔や反対を表す場合がある。(略)ちょうど英語の助動詞の過去形 could や might が現在の事実の反対を表す働きがあるのに似ている」(『序説』p.247) と述べている（反事実については庵（2019a, 2020b）、Iori（2014, 2018）参照）。

この用法は「～ていた」による反事実用法と関連がある。例えば、(37)は(38)とほぼ同じ意味を表す。

(38)（将棋の指し手について）君がそう指すとわかっていたら、別の手を指し<u>ていた</u>よ。

さらに、「のだった」以外にも「べきだった、はずだった」でもほぼ義務的に反事実の読みが得られる。こうした用法は今後の研究課題だが、それに関して、「のだ」を「完了形」と見なす三上の考え方は重要であると思われる（「のだった」については庵（2006）も参照）。

３－３－４．「のだ」の研究における三上の新しい位置づけ

このように、「のだ」に関する三上の指摘には今後の研究に示唆を与えると思われる視点がいくつも含まれている。特に、「のだ」が持つタクシス性と、「のだ」の形態論上のステー

§3 三上文法各論

タス(「完了形」)という点は重要なものではないかと思われる。

もちろん、「完了形」という規定だけで、「のだ」の様々な用法が解明できるわけではない。その点は既に(24)で引用した部分で三上自身が指摘している。ただ、今後「のだ」のテキスト内での機能について考える際にこうした規定を念頭において考えると新たな知見が得られるように思われるのである[61]。

4．ピリオド越え

次に取り上げるのは、ピリオド越えと呼ばれる現象である。これは主に『象』で扱われているものである。

4－1．ピリオド越えとは

ピリオド越えというのは、「Xは」で導入された主題が一文を越えてその影響を及ぼし続けることを言う。

(1) ①吾輩は猫である。②名前はまだ無い。
③どこで生れたか頓と見当がつかぬ。④何でも薄暗いじめじめした所でニャーニャー泣いていた事だけは記憶している。⑤吾輩はここで初めて人間というものを見た。　　　　　　　　　（夏目漱石『吾輩は猫である』）

---

[61] 「のだ」に対する新たな見方という点では、金水(2001:71)の「(ノダ文の)最も重要な点は、一つの命題を、より大きな主題・解説構造の中に埋め込む点にある」という指摘も重要なものである。詳しくは、庵・高梨・中西・山田(2000, 2001)、庵・三枝(2012)、庵(2013, 2018)を参照されたい。

①文で主題として導入された「吾輩は」は、①文だけではなく②文〜④文の主題でもある。この場合、「吾輩は」の影響は①文〜③文の文末（ピリオド）を越えているので、三上はこれを「ピリオド越え」と呼んでいる。

　§2で見たように、この現象は「大きく」「虚勢的に」係るという「は」の「本務」が反映したものである。

４−２．ピリオド越えとテキストの結束性

　ピリオド越えという現象はテキストの内部のつながり（結束性 cohesion）を考察する際に重要な視点を提供する。例えば、（1）のテキストは次のような構造をしていると考えられる。

　（2）<u>吾輩は</u>［猫である。②名前はまだ無い。③どこで生れたか頓と見当がつかぬ。④何でも薄暗いじめじめした所でニャーニャー泣いていた事だけは記憶している］。
　　　⑤<u>吾輩は</u>ここで初めて人間というものを見た。

　言い換えると、ピリオド越えの勢力の範囲内では個々の文は独立しているというよりも、より大きな文の部分を構成する要素に「格下げ(rank-shift)」されるのである [*62]。これは「無題化」における「文」と「名詞句」の関係に平行的である。

　（3）田中さん<u>は</u>大学生である。

[*62] 「格下げ（rank-shift）」については Halliday（1994:187ff.）を参照。

§3　三上文法各論

　(4)　田中さん<u>が</u>大学生であること(は事実だ。)

　この場合も、(3)の「文」が、(4)では文の一要素である「名詞句」に「格下げ」されている。

　§2で見たように、文から名詞句への格下げにおいては「は」がなくなり「が」「を」などの格助詞が現れることになる。

　ところで、ここで(1)に戻ると、⑤文では再び「吾輩は」が現れている。これは、(2)の構造から分かるように、⑤文が①文～④文からなる「大きな文」に属さないことを表している。このことの意味として考えられるのは、ここで少し話が変わっているということである。⑤文の続きを少し見てみよう。

　(5)　①<u>吾輩は</u>猫である。②名前はまだ無い。
　　　　③どこで生れたか頓と見当がつかぬ。④何でも薄暗いじめじめした所でニャーニャー泣いていた事だけは記憶している。⑤<u>吾輩</u>はここで初めて人間というものを見た。⑥然もあとで聞くと<u>それ</u>は書生という人間中で一番獰悪な種族であったそうだ。⑦<u>この書生というの</u>は時々我々を捕えて煮て食うという話である。

　予想通り、①文～④文までが「吾輩」の自己紹介であるのに対し、⑤文以降は「人間」についての話になっている。このように、ピリオド越えはテキストの構造(結束性の現れ方)を研究する上で極めて重要なものである。

4－3．ピリオド越えに関わる問題

　ここではピリオド越えについて考える際に問題となるいくつかの点について述べる。

　まず、問題になるのは「省略」である。§2でも指摘したように、日本語ではゼロ形式が現れるのは「無標」のことである[*63]。

　この点に関しては根本的な発想の転換が必要であるように思われるが、三上とほぼ同じ時期に黒田成幸が同様のことを述べているのは注目に値するように思われる。

　黒田は博士論文（Kuroda（1965））で、「私、あなた、彼」などは単なる名詞で、日本語で「代名詞」と呼べるのは「ゼロ」であるとしている（Kuroda（1965=1979:107））。黒田の議論を少し見てみよう（（6）～（12）は Kuroda（1965=1979:106-107）より）。

　まず、英語では、（6）と（7）の対照から分かるように、代名詞は繰り返して使えるが、名詞にはそれができない。

　（6）　?? <u>George</u> does <u>George</u>'s work when <u>George</u> feels like doing <u>George</u>'s work.

[*63] ここでは名詞句を問題としているが、同様のことは次のような親族名詞の場合などにも見られる。
　（ケ）田中さんは<u>弟</u>に本をやった。
　（コ）田中さんは<u>弟</u>に本をくれた。
　この場合も「弟」に「〜の」をつけないのが普通であるが、つけなくても「やる」「くれる」の視点制約から、（ケ）の「弟」が田中さんの弟で、（コ）の「弟」が私の弟であることが分かるようになっている。

§3 三上文法各論

(7) He does his work when he feels like doing it.

ここで、(6)と(7)を日本語に直訳すると、それぞれ(8)と(9)になるが、これらの文はどちらも不自然である。

(8) ??ジョージはジョージがジョージの仕事をしたいときにジョージの仕事をする。

(9) ??彼は彼が彼の仕事をしたいときに彼の仕事をする。

さらに、(8)の2番目以降の「ジョージ」を「彼」で置き換えてみると、(10)になるが、これも不自然である。

(10) ??ジョージは彼が彼の仕事をしたいときに彼の仕事をする。

この点で、「彼」などの「代名詞」と「ジョージ」などの「名詞」の間に差はない。結局、自然な表現は(11)や(12)である。以上のことから、黒田は「ゼロ」を「代名詞」とし、「彼」などは統語的には名詞と変わるところがないので、これらを代名詞とすべきではないとしている。

(11) ジョージはしたいときに仕事をする。

(12) 彼はしたいときに仕事をする。

この黒田の指摘は、生成文法という三上とは考え方の枠組みをかなり異にするところでの主張であるだけに、三上の指摘の正しさを示す貴重なものであると言える。

なお、こうした場合に音形ゼロの代名詞を立てることはかなり広く行われている。例えば、Givón(ed.1983)は主題連鎖(topic continuity)に関する研究であるが、ここでは、主題連鎖の程度

4. ピリオド越え

を3つのレベルに分け、主題連鎖の程度が最も高い場合、及び、中間的な場合には、(ゼロ代名詞が統語的に許される言語では)ゼロ代名詞が用いられるということを類型論的観点から指摘している(Givón(ed.1983:30-31))[*64]。

さて、ピリオド越えに関して次に問題になるのは、どのような場合にピリオド越えが起こり、どのような場合に起こらないかということである。言い換えると、主題はどのような場合に顕現せず、どのような場合に顕現するのかということである。

三上はこの点についてはあまり言及していない[*65]。こうした観点からの研究は現在でもあまり多くないが、その中で清水佳子は興味深い指摘を行っている。

清水(1995)は文連鎖における主題の省略と顕現を益岡(1987)の言う「叙述の類型」と関連させて述べている。すなわち、属

[*64] なお、こうした場合にはそもそも当該位置に要素は全く存在しないと考える立場もある。龍城(2000)における「スープラテーマ」などはそうしたものと見られるが、このように考えると、例えば、(5)の③文には「吾輩は」は「統語的に」挿入不可能ということになるのではなかろうか。なぜなら、龍城(2000)のような枠組みでは(5)の③文の主格の位置には要素が存在しない(すなわち、「吾輩は」が占めるべき場所がない)からである。しかし、そのように考えると、(5)の③文と「吾輩はどこで生まれたか頓と見当がつかぬ」とが別の構造を持つという不自然な(ないしは不経済な)構造を想定しなければならなくなるのではなかろうか。なお、龍城(2000)に対する批判については西光(2000)も参照されたい。

[*65] 三上自身がこの問題について最もまとまった形で述べているのは『小論集』の「10 省略の法則」である。この部分の内容には後の久野(1978)で取り上げられている論点に近いものも見られる。

性叙述文→事象叙述文、事象叙述文→事象叙述文、属性叙述文→属性叙述文、の3つの場合には主題は省略されても顕現してもよいが、事象叙述文→属性叙述文では主題は省略できないという。それぞれの例は次のようなものである((13)～(16)は清水(1995)より)。

　属性叙述文→事象叙述文
　(13)鈴木さんは趣味の多い人である。｜鈴木さん／φ｜昨日は釣りに出かけていった。
　事象叙述文→事象叙述文
　(14)鈴木さんは昨日釣りに出かけていった。｜鈴木さん／φ｜半日ねばったが一匹も釣れなかった。
　属性叙述文→属性叙述文
　(15)鈴木さんは趣味の多い人である。｜鈴木さん／φ｜釣同好会の会員でもある。
　事象叙述文→属性叙述文
　(16)鈴木さんは昨日は釣りに出かけていった。｜鈴木さんは／#φ｜釣同好会の会員である。[*66]

　清水(1995)は(13)～(15)と(16)におけるゼロの許容度の違いを、文(連鎖)が担っている機能の違いから説明している。つまり、(13)～(15)では前半の文と後半の文(連鎖)が全体で一つの意味機能を表している。(13)(14)では事態を述べるということ

[*66] #は文連続としてのつながりの悪さ(非結束性 incohesiveness)を表す。

4. ピリオド越え

であり、(15)では解説をするということである。これに対し、(16)では前半は事態を述べているのに対し、後半は解説をしており、文が担う機能が異なっている。そうした機能の異なりが省略を困難なものとしている、というのが清水(1995)の説明である。清水(1995)の議論には今後詰めるべき点はいくつも見られるが、ピリオド越えに関わる現象に、明示的な説明原理を持ち込もうとしている点は評価できるのではなかろうか[*67]。

こうしたテキスト内の指示表現の使い分けと結束性の関係はギボン(Givón, T.)らによって主題連鎖という観点から研究されている(cf. Givón(ed.1983))。また、ストーリーテリングなど関連という観点では梨の話(pear story)を用いたチェイフ(Chafe, W.)の研究がある(cf. Chafe(ed.1980))。また、心理言語学的観点からの考察であるKarmiloff-Smith(1980)には日本語にも応用可能な観点がある。

先に、三上はピリオド越えが阻止される条件についてあまり述べていないと述べた。実際、そうなのだが、挙げられている例には示唆的なものがあるので、紹介しておく。

(17)将軍吉宗は伏見宮理子王女を正妻に①むかえ、宝永三年に②挙式したが、結婚わずか四年目の、宝永七年の六月には、もう③この世の人ではなかったのだ。

(川口松太郎。『象』p.127)

[*67] 小説を材料に同様の関心から行われた研究に砂川(1990)がある。

§3　三上文法各論

　この例では、事実としては③の主格は「伏見宮理子王女」であるが、文法的にはその解釈は不可能である。この場合③の前の部分に「伏見宮理子王女は」(に当たる表現)が必要である。
　(18)本多誠吾は…遂に官房の課長になった。父が広島の地方裁判所に勤めているとき、脳貧血の発作で倒れた拍子に頭を打ち、それから時々激しい頭痛に襲われ、役所を退官してしまった。

(今日出海「官僚」。『象』p.126)

　この例では、「は」と「が」の係り方の違いのため、曖昧さが生じている。言い換えると、「は」の虚勢的な力をキャンセルするには「が」では不十分な場合があるということである。こうした実例をもとに今後ピリオド越えについてより明示的な研究を積み重ねていく必要がある。

5．指示詞と承前詞

　このセクションの最後で取り上げるのは指示詞と承前詞の関係である。
　§1で少し述べたように、三上は指示詞の対立は三項対立(triplet)ではなく、二重の二項対立(double binary)であるとする。そして、「ソレ系列だけが、deictic［直接指示］のほかにanaphoric［文脈承前］にもなる」(『小論集』p.149)と主張する。その理由は、「文脈中にあらわれる事物が共通な遠方にあるのでもなく、また話し手がそれを場面に引入れるという特志を持

5. 指示詞と承前詞

つのでもないとき、それを中立的に受ける」というソレ系列の性質に由来するとしている。

ソ系統に関するこの位置づけは基本的に研究者に共通に受け入れられているものと考えられる(cf. 金水(1999))。そのことから、三上は承前詞(接続詞)において、指示詞に由来する形式が含まれる場合、それはソ系列のものに限られるという原則が出てくるとしている(cf.『新説』第六章)。

ここでは、このあたりの点について少し詳しく考えてみたい。

まず、次の例を考えてみよう。

(1) 先日新しい包丁を買った。それで野菜を切ったら、切れすぎて指に怪我をしてしまった。

この例の「それで」には解釈が2つある。

1つの解釈は「それで」が「先日買った新しい包丁で」を意味する場合である。この場合の「それ」は具体的な指示対象を持つので指示詞である。実際、この解釈の場合は「それ」を「その包丁」に置き換えることができる。

もう1つの解釈は「それで」が理由を表しているという場合である。この場合の「それ」は具体的な指示対象を持たない。こうした場合、「それ」は「その＋N」に置き換えられない。興味深いのは、こうした場合には「それ」を省略することができるという点である(cf. 庵(1995b))。

この後者の解釈の場合、(1)は(2)と同じ意味になる。

(2) 先日新しい包丁を買ったので野菜を切ったら、切れす

129

§3 三上文法各論

ぎて指に怪我をしてしまった。

ここで、(1)と(2)の関係を模式的に書くと(3)のようになる。つまり、(1)は、「ので」で表される理由節を含む1文である(2)を形式上2文に分けたものと解釈できるのである[*68]。

(3) a. Xので、Y。
 b. ⇔X。で、Y。
 c. ⇔X。それで、Y。

こうした場合、(3)bと(3)cが同じ内容を表すことから、「で」の前に挿入されるものは具体的な指示対象を持たなくてもよいものでなければならない。ソ系統の「それ」が選ばれるのはこうした理由による。

こうした形で1文を形式上2文に分けるというのは実はかなり頻繁に行われている。

(4) 戦争に負けた、あるいは、負ける戦争をあえてした、あるいは戦争好きの人たちが、うまく誘発されて、見事失敗した、その結果であるといえば、身から出たさびのようなものだが、……

(福原麟太郎。『新説』p.320)

(5) 文部省の調査研究協力者会議が、通知表や内申書の原本となる指導要録に記す小、中学校の成績について、絶対評価に重心を移すように、との報告をまとめた。

[*68] 「それで」に関するこうした分析については林(1973)を参照されたい。

5. 指示詞と承前詞

　　<u>小学校1、2年では相対評価を全廃し、それ以上の学年でも相対評価を緩和する。そういう考え方だ。</u>

　　　　　　　　　　　　　　　　　（朝日新聞社説 1991.3.16)
(6)　男女雇用機会の均等化が進む米国でも、ハイテク技術の世界は圧倒的に男性上位だ。「女性は技術に弱い」という固定観念が、女性の技術系職業への進出を妨げてきた。<u>この環境を崩すには思春期の女子生徒に伸び伸びと数学や理科、コンピューターを学ばせ、彼女たちの才能を開花させることが大切だ。そう考えた女性</u>がシリコンバレーの一角に「ハイテクガールの育成」を目指す女子中学校「ガールズ・ミドル・スクール（GMS)」を開校した。

　　　　　　　　　　　　　　　　　（毎日新聞夕刊 1999.11.10)

　（4)は三上が挙げている例だが、三上はこの方法を「割りに自由に書きつづけられるので、一種有望な連体法（？）だと思う」（『新説』p.321) としている。

　（4)～（6)に共通しているのは、ソ系統の語の前の部分（破線部）が野田（1989）の言う「真性モダリティを持たない文」になっている点である。この部分に実質的なモダリティが含まれないことは、例えば（6)からわかる。この例で、「大切だ」でもし文を言い切ったとすると、それは筆者の主張になる。しかし、ここでは「そう」があるため、この部分は、ある女性の考えの内容を表すことになるのである。

131

§3 三上文法各論

　以上のことから、承前詞にコ系統(やア系統)の語を含むものが基本的に存在しない理由は次のようにまとめられる[*69]。

(7) ソ系統には具体的な指示対象を持たない用法があるが、コ系統やア系統にはそうした用法はない。

さて、このように具体的な指示対象を持たない、いわばダミーの用法は基本的にはソ系統に限られるのだが、これの反例になる用法がある。それは次のようなものである。

(8) 前項の目的を達するため、陸海空軍その他の戦力は、<u>これ</u>を保持しない。国の交戦権は、これを認めない。

(日本国憲法第九条第二項)

(9) 　第四に文化的なことであるが、以上のような市民社会の形成が生みだす民衆文化があげられる。近世日本のばあい、それはまだ市民文化と名づけうるほど近代的なものではない。

　市民社会がしだいに形成されても、市民文化はすぐに誕生しないのである。

　そこには武家支配という封建政治の大きな首かせがかかっているから。

　たとえば、元禄文化も化政文化も、<u>これ</u>を近代的文化と考える人はない。

[*69] このことの理論的意味づけについては金水(1999)や堤(2002)などを参照されたい。

(高尾一彦『新書日本史　近世の日本』)

このタイプの「これ」は余剰的で、特定の指示対象を持たない[*70]。三上はこの語法が気に入らなかったらしく、何度かその問題点を指摘している(例えば、『新説』p.333ff. を参照)。三上はこの語法は次のようにしてできたとしている。

(10) 承前中称の「之」を指示近称の「コレ」で訓読したのは先人の過失であった。

   子曰、聖人吾不得而見<u>之</u>矣　　(「述而篇」)
   学而時習<u>之</u>　　　　　　　　(「学而篇」)

  初の「之」は読んではいけないのであり、後の「之」は読むに及ばないものである。……日本語の語法に逆って読むのに、なまじ順当な中称の「ソレ」を使うと、かえってマサツがひどくなる。逆う以上は、ついでに無理な近称「これ」を当てた方が、二重の不自然さがいわば相殺されて通用しやすくなる。

(『新説』p.185)

この用法が三上の当時既に一般的なものでなかったことを示す例が『新説』に挙げられている。

(11) 第九条の場合は法制局としては第一項の戦争放棄の規

[*70] このタイプのコ系統は「これ」に限られ、ヲ格名詞句が主題化した後に使われるため、「これを」に限られるようである。なお、こうした「これ(を)」に関しては野田(1994)、庵(1996)も参照されたい。

§3　三上文法各論

　　　　定は生かすとしても、第二項「前記の目的を達するた
　　　　め、陸、海、空軍その他の戦力は（　）保持しない。国
　　　　の交戦権は（　）認めない」との規定は（　）削除すると
　　　　の意見が支配的である。
　　　　　　　　　　　　　（朝日新聞 1954.7.5。『新説』p.186）
　つまり、この例ではこの記事の筆者が憲法の原文にある「これを」を（おそらく無意識のうちに）削除しているわけである。しかし、それがそのまま紙面に載ったということは、校閲者を含め、「これを」の存在に気がつかなかった、すなわち、「これを」が統語的に意味を持たないということを示している。三上が『新説』を書いてから約50年経った今、このタイプの指示対象を持たないコ系統は実質的にその生産性を失っていると見てよいであろう。

エピローグー不振と不信は払拭されたかー

§1〜§3において、三上文法について様々な角度から述べてきた。ここでは、「三上と実用文法」という観点から三上の主張をまとめ、現在における三上文法の評価という本書の問題意識のまとめとしたい。

1．不振と不信

まず、『論理』のまえがきの一部を引用する。

(1) 日本文法は不振不信である。不振だから不信なのであるが、一部分は不信が不振へはね返ってくるという悪循環にもなっている。

　不信側(一般の非専門家)の無理解と無関心のために不振側(文法専攻)の意気が上がらない、というハンディキャップも少しある。以前はそれくらいしか考えなかったが、気がついてみるとそんなことより、不信不振の両側をひっくるめて西洋文法に巻かれ(長いものに巻かれ)ているということがもっと重要である。いかれていると言いたいくらいである。

『論理』の出版(1963年)は本書の出版の40年前である。この時期における日本語文法研究と一般社会との関係はここで三上が指摘しているようなものであったのであろう。

ここで三上が問題としている2つの「フシン」のうち、「不

エピローグ

振」については、現在の研究水準から見て、三上の嘆きのかなりの部分は払拭されたと言えるのではなかろうか。しかし、もう1つの「フシン」、つまり「不信」については、それを解決するような、学校における文法教育は行われておらず、そのため、問題点はこの当時のままではないかという気がする。

2. 三上と実用文法

三上にとって文法研究の目的は何であったのか。これは必ずしも簡単に答えられるものではないが、まず、その答えに近いと思われる次の部分の引用から始めることにしたい。

(2) 私の願いは現代語の<u>実用的な</u>シンタクス一冊を書くことである。そのためにずいぶん努力を重ねたが、なにぶんの微力と、それに恐らくは語法自身の難しさもあって、目標達成にはまだ非常に遠い所にいる。

(『序説』後記。下線筆者)

『序説』は三上の処女作であり、そこには三上の思いが最も純粋な形で現れている。もし、この見方が正しいとすれば、三上にとって「実用的な文法書」(実用文法)の作成が生涯のテーマ(の一つ)であったことは確かであろう[*71]。

[*71] こうした実用文法志向は、三上が評価していた松下大三郎のものでもあり、三上の跡を継いだ寺村秀夫のものである。まず、松下は次のように述べている。

(ア)私は少年の頃、当時最も世に行はれて居った中等教育日本文典と

2. 三上と実用文法

2－1. 三上文法の特徴と実用文法

『序説』『新説』『続・序説』『象』『論理』『革新』『構文』『小論集』という8冊を通読して感じられる、三上文法の特徴は大きく2点に分けられるように思われる。

第一は「日本語から日本語を見る」ということである。主語廃止論に典型的に見られるが、三上は一貫して、日本語の言語事実に基づいて論を立てている。この点が桑原武夫が言う「土着主義」であり、三上の論を重みのあるものとしている[*72]。

  スキントンの英文典の二書を読んで其の体系の優劣の甚しいのに驚いた。英文典は之を一読すれば和英辞典さへ有れば曲りなりにも英文が作れる。然らば英米人に日本文典と英和辞典とを与へれば日本の文が作れるかといふと、さうはいかない。これ実に日本文典の不備からである。(松下(1928))

一方、寺村は寺村(1982)の冒頭で(ア)の部分を引用して、その後に続けて次のように述べている。

  (イ)本書の目標とするのも全くこれと同じで、その意味で本書の目標は実用文法の作成である。(寺村(1982:15)。下線筆者)

*72 当時の日本文法に関する見方が三上一人のものではなかったことは『小論集』に引用されている次のような声からも伺える。

  (ウ)《は》も《が》も主語を表すのだから論理的には同じことだなどと思ってはいけません。『象は鼻が長い』という題で《は》の役割を論じた本さえあるほどです。<u>日本語には、英語などにおけるのと同じ意味での主語などないと考える方が自然です。</u>
  我々は、どうしても日本の文法よりも英語の文法の方をまじめに勉強します。それは、第一に、我々は日本語の文法など知らなくてもちっとも困らないが、英語の文法を知らないと英語が読めない、という事情によるのでしょう。第二に、日本語の文法が今の

エピローグ

　第二は「実用文法」ということである。
　『小論集』の冒頭に書かれている次の意見から、三上が文法教育（国語教育）[*73]を重視していたことがよくわかる。

> (3)　<u>私（わたし）は文法研究と文法教育とを車の両輪のように考えている</u>。私の場合、文法研究には他日その成果を文法教育に取り入れられたいという願いを伴っていた。この願いはほとんど果たされていないが。
>
> 　　　　　　　　　　　　　　　（『小論集』p.7。下線筆者）

　ここで、日本語母語話者に対する日本語の教育（国語教育）に用いられるために実用性を重視して作られた文法を「実用文法」と呼ぶことにすると、三上文法の一つの柱は明らかにそうした実用文法にあったわけである。
　こうした実用文法に対する三上の考えが最もはっきりした形で述べられているのが『革新』である。
　『革新』は主語廃止論を文法教育と絡めて論じたものである。デス・マス体で書かれていることからもわかるように、『象』と同じく、一般の読者（すなわち「不信」側）に向けて書かれた

ところ<u>甚だできが悪い</u>ということがあると思います。これは、さらに、我々の心理の西洋への傾斜という一般的な事情もあって、<u>我々は、ややもすれば、英語の文法の立場から日本語を考えるようになりがちです。これはつまらないことです。</u>（斎藤正彦『数学セミナー』1970.9。『小論集』pp.27-28 より。下線三上。波線庵）

[*73]　本セクションでは「国語教育」を「日本語母語話者に対する日本語の文法教育」という意味で用いる。

2. 三上と実用文法

ものと考えられる。一般の読者に対する配慮から、三上はここでは主語廃止論について「漸進主義」をとるとしている。

2-2. なぜこのままではいけないか－三上の学校文法批判－

　『革新』の第三章は「なぜこのままではいけないか」と題され、学校文法の問題点が詳述されている。三上が目指した実用文法の輪郭を知るためにもこの部分は重要である。

　学校文法に対する批判は端的には次の指摘に現れている。

　　(4) じつは教育に役立つほどの文法知識そのものがまだありはしない……中学校や高等学校の現状は、二十年一日のごとき教科書で、二十年一日のごとき文法教育を繰り返しているだけです。　　　　（『革新』p.43）

　三上はこのことを当時既に話題になり始めていた、留学生に対する日本語教育という点からも指摘している。三上が引用している、当時の問題意識のいくつかを再録してみよう。

　　(5) では、次に、外国人を相手とする日本語教育についての私の希望を申します。
　　　　まず、第一に文法の研究が大切であること。国語学はだいたい意味論を中心とした文法が広く行われていますし、また英語からの影響が強い。日本での文法は割りに最近（明治以来）で英語のまねをしたものにすぎませんでした。これからは、外国語の影響の少ない根

本的な文法を作り上げねばなりません。……
　　　結局、私の希望は、日本人の手による、意味論中心でなく構造中心の日本語文法を早く作っていただきたいということです。それでないと、文法といっても役に立たないのです。
　　　(1962年にICUで開かれた日本語教育セミナーにおけるロイ・ミラーＩＣＵ言語学教授の発言。『革新』pp.46-47　傍点原文)

この説を引用した後で三上は、次のように述べている。

　(6) 国文法は、そのじつ第二英文法にすぎないことを改めようとしない点で相当ガンコなのですが、逆に英語国人からその点を根本的に考え直せと忠告されているのです。　　　　　　　　　　(『革新』p.48。下線筆者)

次の引用は、(5)のセミナーに参加した林大が国語学会のシンポジウムでその際の経験を踏まえて発言したものである。

　(7) わたくしはうつり気だと言われるかも知りませんけれども、国語教育というものと少し縁を切って、他の問題へうつりたくなってしまった、というのは実は最近、日本語教育という問題がある。……せんだって、国際基督教大学でセミナーが催されたところが、非常に多くの熱心な方々が集まられた。わたくしはその人たちの日本語への純粋な追求の仕方というものに非常に感激しまして、ここでこそ問題が発見されるので

> はないかという気になりました。国語教育の中ではだめです。……とにかく国語教育では、年端もゆかないものが相手ですから、ごまかそうとすればごまかせます。ところが日本語教育というものは、相手が大人で理屈をこねる、正当なる疑問を持つ、そういう、せっぱつまったところで自分の商売をしておられる人たちは非常に熱心で純粋なように思われます。(林大「国語学とはどんな学問か」『国語学』50 (1962)。『革新』pp.50-51)

この文章が書かれてから40年を経た現在、日本語教育における文法がどの程度、林の想像したような発展を遂げたかのかはわからないが、国語教育における文法(学校文法)に比べればはるかに進歩したと言えるのではないかと思われる。少なくとも、学校文法が文法研究にインパクトを与えたという局面は戦後一度もなかったと言ってよいのではなかろうか。

こうした、当時の国語教育の状況を前にした三上が「このままではいけない」と考えたのは当然であろう。

2-3. 文法教育の中のごまかし

三上は学校の文法教育の中にあるごまかしを指摘している。例えば、三上は当時教育現場で有力視されていた大久保忠利らの児童言語研究会の主語に関する説明を批判している。この理論では、主語を「アタマ」、述語を「カラダ」にたとえて小学

エピローグ

生に説明することを勧めている。ところが、その方法を述べた『文法教育』(大久保忠利・松山市造編)という本のまえがきに次のような文が見られることを三上は指摘している。

  (8) 文法の教育を抜きにしては、「正しく話し・書けっ」といっても無意味になります。

  (9) そして、「正しい・美しい日本文」を書くということの土台には、どうしても、日本文法の正しい知識が、言語活動に当って、発揮されることが必要なのです。

  (10) 小学校での国語教育では、文法の教育を十分に行ない、文法を体系的に知識として授け、実さいの中で高め、知識と能力を身につけさせなければならなかったのです。((8)-(10)は大久保・松山編『文法教育』。『革新』pp.77-78)

これらの文は主語がないか((8)(10))、主語がニ格名詞句の後にくる((9))ものであり、いずれも、「アタマ」が(『文法教育』で想定されているはずの位置に)ない文である。しかし、こうした批判は、「文法と「現実の文章のヒラキ」は、それこそ文法研究者たちの苦労の種です」(大久保忠利『実践国語教育』臨時増刊60-1。『革新』p.89)といった形でかわされてしまうことになる。

こうした「ごまかし」の背景には自分たちの説明にとって好都合な例だけを挙げて満足する文法教育の問題点がある。こうした「ごまかし」に対して、三上は数多くの実例を挙げること

で対抗している。『象』はそうした意味からも特筆すべき文法書である。

２－４．文法教育革新へのプログラム

では、具体的に、三上はどのように文法教育を革新しようと考えていたのであろうか。その点を語っているものとしてまず次の部分を引用することにする。

(11) わが国の文法教育はうまく行っていないと思う。その原因は、適当な教科書や指導書がなかったことである。そのまた原因は、適当な文法研究がなかったことである。
　　適当な文法研究があって、その成果に基づいて適当な教科文法(school grammar)が作られ、それを使って適当な文法教育が行われる。という順序である。
(『小論集』p.7)

しかし、現実はどうであったか。

(12) それに、これ［(11)の後半の内容］は適当な文法研究があり、適当な指導書があるとしての話である。実情は、適当な文法研究もなかったし、適当な教科文法もまだない、というに近い。　　　　(『小論集』p.8)

この認識をわかりやすい形で述べたのが、本セクションのはじめに挙げた、「不振」（適当な文法研究がないこと）と「不信」（適当な教科文法がないこと）である。

エピローグ

3．今何をなすべきか

　三上が掲げた(11)のプログラム(文法研究→教科文法→文法教育)の現状はどうなのであろうか。

　筆者は国語教育の現状に詳しいわけではない。しかし、雰囲気として感じるところでは、教科文法の代表である「学校文法」は影響力を失いつつあるように思われる。例えば、高校用『新国語(Ⅱ)改訂版』(大修館書店。北原保雄他編)では、文法は「文法のまとめ」として、7ページ載せられているだけであり、しかも、そのうちの5ページは活用表、1ページは品詞分類、1ページは助詞の用法の表であり、統語論は一切現れていない。

　これに比べると、中学校用の『現代の国語(Ⅰ)』(三省堂。金田一春彦他編)では、総ページ数204のうち、15ページを「文法のまとめ」にあて、それ以外にもコラムの形で、音韻論、談話研究の分野なども取り入れている点で特筆すべきものであると思われる。しかし、その文法論はやはり橋本文法である[*74]。例えば、(13)のような構造図が書かれている(同書 p.195)。

　　　　　　　　修飾語　　修飾語
　(13)わたしは　上野から　電車に　乗った。
　　　　　　　　　　　　　　　　　　　　被修飾語

[*74] ただ、次のような文を「もともと主語のない文」としている点は進歩的である(同書 p.194)。
　・あっ、火事だ。
　・とうとう試合の当日になった。

しかし、ここでは三上の主張は取り入れられておらず、相変わらず「主語」と「修飾語」が区別されている。その結果、「わたしは」は「乗った」の修飾語になっていない。しかし、こうした「奇妙な」構造観をとる文法理論は現在、おそらく学校文法以外にはないだろうと思われる。こうしたところに、(12)における(30年前の)三上の嘆きと同じ嘆きを感じるのは筆者だけではなかろう。

　しかし、ことは(ある意味で)より深刻化しているのではないかと思われる。つまり、そもそも学校で「文法」というものを習うという経験をほとんどしていないと思われる学生が増えているように思われるのである。

　もちろん、現行の文法教育は古典文法のいわば「付録」として存在するようなものであり、その点でそうしたものはむしろ習わない方がいいという意見もあり得るであろう。

　しかし、これだけの歴史を持ち、アジア言語の中ではおそらく最も研究されている言語の母語話者が、中学高校において母語の体系について全くと言っていいほど何も習わないというのはやはり異常なことであるように思われる。

　やはり、何らかの手だてが必要なのではなかろうか。

3－1．日本語教育のための文法

　ここではそうした「手だて」について少し考える。順序とし

エピローグ

て、まず、非母語話者に対する日本語教育[*75]における文法教育について考える。

先の(7)の林大の言明にあるように、日本語教育は「相手が大人で理屈をこねる、正当なる疑問を持つ、そういう、せっぱつまったところ」で行われているだけに、実用性のある文法の開発という点に積極的に取り組んできた。そして、そうした仕事の先頭にいたのが寺村秀夫であったことについては言を俟たないであろう。寺村の主著『日本語のシンタクスと意味』全3冊(1冊は未完)は「日本語教育の現場から生まれた日本語文法」の書としての不朽の価値を持っている。

しかし、近年の状況はそうした寺村の時代の楽観的な見通しから遠ざかりつつあるように見える。つまり、90年代に入ってから特に、日本語文法研究と日本語教育の間の乖離が大きくなってきたように思われる[*76]。

そうした状況の中で、日本語教育の視点から日本語文法研究

[*75] 現在の通常の用語法では、「日本語教育」は「非母語話者に対する日本語の教育」であり、「国語教育」は「母語話者に対する国語の教育」である。しかし、現在進行中の日本社会の多国籍化の波の中で、こうしたパラダイムは徐々に現場の実態と乖離しつつある。学校教育の場における外国人児童・生徒に対する日本語教育という問題は、「(現在の意味での)国語教育の(現在の意味での)日本語教育化」というパラダイムの変換が必要であることを示している(もちろん、一方で、外国人児童・生徒に対する母語教育という問題が存在することは言うまでもない)。

[*76] この点について詳しくは白川(2002a, b)、庵(2002b)を参照されたい。

の成果を再解釈し、日本語教育の観点からして妥当な日本語文法を作成するという「教育文法」という観点が今後重要性を増してくるものと思われる。

ここでは、教育文法の例として、工藤(1995)の言う「パーフェクト」という概念について考えてみたい。

工藤は「〜ている」の中に次のような特徴を持った「パーフェクト相」を表す用法があるとする。

(14) a. 発話時点、出来事時点とは異なる＜設定時点＞が常にあること。

b. 設定時点にたいして出来事時点が先行することが表されていて、テンス的要素としての＜先行性＞を含んでいること。

c. しかし、単なる＜先行性＞ではなく、先行して起こった運動が設定時点との結びつき＝関連性を持っているととらえられていること。つまり、運動自体の＜完成性＞とともに、その運動が実現したあとの＜効力＞も複合的に捉えるというアスペクト的要素を持っていること。　　　　　　　　（工藤（1995:99））

例えば、(15)(16)がパーフェクトの例である。

(15) その本なら、1度読んでるよ。

(16) 病院に駆けつけたとき、父は既に30分前に死ん<u>でいた</u>。　　　　　　　　　　((15)(16)は工藤(1995)より)

これらの例が(14)a, b の性質を持つことには問題はない。し

エピローグ

かし、(14)c についてはどうであろうか。(16)において認められる「効力」というのはどのようなものであろうか。これは次のような例の場合、より一層問題になる。

(17) 私が何も知らずに友達と食事をしていたとき、父はもう亡くなっていた。

(18) 昨年、本因坊治勲と小林光一天元が相次いで1000勝を達成したが、大竹英雄九段も昨年5月に到達していたことがわかった。　　　　　　(毎日新聞朝刊 1999.2.7)

ここで、(17)の時間関係を図示すると次のようになる。

(17)　　　　父が亡くなる　友達と食事をする　発話時　　時間

ここで、「友達と食事をしていた」時点(基準時)で話し手は父親の死を知らないのであるから、その時点で何らかの効力が存在するというのは無理ではないか[77]。少なくとも、そうした説明を日本語学習者に理解させるのは困難ではなかろうか。

こうした問題点を避けるには、(15)のような「効力持続」と、(16)のような「完了」とを区別し、効力持続のみを「パーフェクト」に含めるのがよいと思われる(cf. 庵(2001))。

(15) その本なら、1度読んでるよ。

(16) 病院に駆けつけたとき、父は既に30分前に死んでいた。

---

[77] 工藤の「パーフェクト」について、ここに挙げたのと同様の観点から批判したものに岩崎(2000)がある。また、庵(2019b)も参照されたい。

3. 今何をなすべきか

　このように捉え直したとき、効力持続と完了はそれぞれ次のように図示できる。

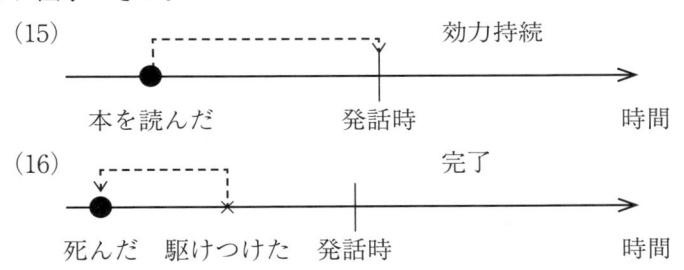

(15)　　　　　　　　　　　　　　　　効力持続

　　　　　　●━━━━━━━━━Y━━━━━━━━▶
　　　　　本を読んだ　　　　　発話時　　　　　時間

(16)　　　　　　　　　　　完了

　　　　Y┄┄┄
　　　　●━━━×━━━┃━━━━━━━━▶
　　　死んだ　駆けつけた　発話時　　　　　　時間

この図からわかるように、効力持続（狭義のパーフェクト）の場合は、基準時以前に起こった出来事が基準時（多くの場合は発話時）に結びつけられている。これに対し、完了の場合は、基準時以前に出来事が起こったことのみが重要なのである。

　このように狭く定義した場合の「パーフェクト」を表す「〜ている」は(19)のような「〜てある」と近い意味を表す[*78]。

　(19) 今回の試験に備えて、十分勉強してある。

　この場合の関係を図示すると、次のようになる。

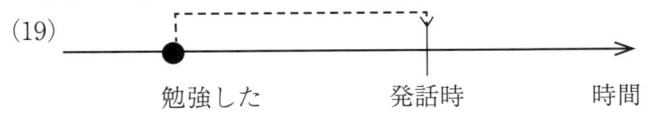

(19)　　　　　　　　　　┄┄┄┄┄┄Y
　　　　　　　●━━━━━━━━━━━━━━▶
　　　　　勉強した　　　　発話時　　　　　時間

なお、この場合、同じ関係を、準備のための動作の側面を重

[*78]　これについては、益岡(2000:107)の「パーフェクト相を「効力の現存」という概念で規定するとすれば、シテアル（シテアッタ）のほうが［シテイル（シテイタ）よりも］その内容によりふさわしい」という指摘も参照されたい。

エピローグ

視して捉えると、「〜ておく」となる。

　(20)今回の試験に備えて、十分勉強しておいた。

(19)と(20)に見られる「〜てある」と「〜ておく」のテンスの違いなどは上述のような狭義のパーフェクトという観点を取り入れることで、学習者にもわかりやすくなるように思われる。

このように、対象の把握の仕方を変えることで、多くの分野で対象の新しい捉え方が見えてくるように思われる。

3−2．国語教育のための文法

最後に、国語教育のための文法について考えてみたい。これに関して、筆者にとって示唆的であるのは、三上が著書の端々で挙げている(母語話者による)誤用例である。

先に挙げた例をもう一度挙げる。

　(21)郷土における主な道路の分布図を作り、それは地形や集落、土地利用などとどんな関係があるか。

　　　　　　　　　　　　(中学2年、社会科。『続・序説』p.172)

　(22)警察官はバリケードをとりのぞき、入口横のガラスを破って入口を開け、学生たちのゴボウ抜きが始まった。

　　　　　　　　　　　　　　　　　　　　　　　(『象』p.135)

こうした例を挙げた後で三上は次のように述べている。

　(23)中立法が乱用され、無責任に流れることは、日本語の論理のために嘆かわしい。中立法ごとに、それが平叙なのか疑問なのか、肯定か否定か、既定か未定かなど

を自覚させる訓練(後に習性)が必要である。

(『続・序説』p.173。下線筆者)

　ここで使われている「訓練」という語は三上における実用文法を理解するキーワードであるかもしれない。この他にも「ガノニヲ訓練」(『革新』p.147)という形で出てくる。「ガノニヲ訓練」というのは概略、必須補語の自覚化ということであるが、こうした訓練を通じて、「論理的な日本語の使い手」を養成するというのが三上における実用文法の意味の重要な一部であったように思われる。

　また、三上の著書に見られる次のような表現にも注意したい。

(24)以上はほんの一部分で、これは現在ずいぶん広く行われているのですから、

　　　彼が好きな彼女

　　　彼女を好きな彼

という言いわけを、今後ますます助長したいと思います。　　　　　　　　　　　　　　　(『象』p.199)

(25)「水が飲みたい」から「水を飲みたい」への移行も、わたしは賛成です。　　　　　　　　(『象』p.202)

(26)ただし、形容詞の主格要求は程度が動詞よりも弱く、方向も動詞ほどはっきりしない。それで、形容詞文の反問には動詞文を使うという心掛けも必要になってくる。……

　　　私(に)は少年時代が懐しい……

　　　　まず「懐しむ「懐しがる「いやがる「きらう」等と動
　　　詞化して反問に使う<u>ことにしたい</u>。
　　　　だれが何を懐しがるか？
　　　　こうすれば動詞のおかげで問の意味がはっきりする。
　　　　　　　　　　　　　（『新説』pp.265-266。下線筆者）

(26)の下線部に典型的だが、三上の言説の中にはある意味の規範性が見られる。ここで言う規範性は、学校文法のように、出自が古い形を規範とするといったものではなく、論理的な曖昧さを排するための方策として考えられている。その意味で、これもまた、「日本語の論理」のためのものであると言える。

　こうした母語話者の論理的思考力、表現力を高めるための文法をこれから創出していく必要があるのではなかろうか。

３－２－１．英文法との協力－三上のバランス感覚－

　最後に、「実用文法」ということに関して触れておきたいのは三上のバランス感覚である。

　主語廃止論に代表されるように、三上の思考には「日本語から日本語を見る」という姿勢がある。このことは本書を通じて強調してきたところである。しかし、それと同時に、三上は空理空論を唱えたわけではない。「実用文法」という点からは、三上は「英文法との協力」ということを主張しているのである。

　三上は「文法教育は、中学校のそれが最も大切である」（『論理』p.186)とし、次の文章を引用している。

(27) 文法教育は中学に入って外国語を始めるときにやると、自分の国の言葉を反省する一番いいチャンスだと思うんです。だから英文法と国文法というものが手を握って、それが平行している必要があると思うんです。英語の先生と国語の先生が検討して文法書を作れば、非常に教えやすく子供の発達に合っていくと思うんですよ。ところがそれがなかなかできない。

(座談会での池田弥三郎の発言。『論理』p.186)

この引用に続けて三上は、「困難ではあっても、この方向の努力、協力は望ましいという以上に必要である」と述べている。

ただし、協力するためには日英両言語の構造上の違いを自覚していなければならない。これに関連して、『論理』の中で、三上は音楽会のチケットに書かれている和文と英文を比べている。その一部を引用してみよう((28)(29)は『論理』p.188より)。

(28) a. 本券は如何なる場合でも再発行いたしません。

b. 開演前にご着席いただきます。

c. 曲目の変更があるかも知れませんから予めご了承ください。

(29) a. <u>This ticket</u>, if lost or destroyed, cannot be re-issued.

b. <u>The audience</u> is requested to be seated punctually.

c. <u>The programs</u> are subject to change without notice.

(28) a～c は意味的にはそれぞれ(29) a～c に対応しているが、構文的には英語が全て「主語−述語構造(S-P構造)」であるの

エピローグ

に対し、日本語の方は全て主語なし文である。こうしたところに英語と同じ意味での主語は日本語には存在しないということの意味があり、三上が主語廃止論を唱え続けた理由があるわけだが、そうした事実認識は国文法が英文法と協力する上でも必要不可欠なものである。

4．むすび

　以上、三上文法を様々な角度から見てきた。本書を終えるに当たり、三上からのメッセージである次の部分を引用する。

　　(30) たゞいさゝかの自負を許してもらえば、これはともかくシンタクスの処女地に一歩踏み込んだものである。それで、私が本書の後半で提出し解決に苦しんでいるような方向の問題に対して、多くの努力が払われるのでなかったら、日本文法はいつまでもでき上がらないだろうと思われる。問題の取り上げ方、その処理には、もっと違ったもっと優れた方法がありえよう。またそうでなくてはならない。しかし、問題の所在は本書にだいたい示したつもりである。これがそのような「問題の」一書として役立つことを切望するものである。　　　　　　　　　　　　　　（『序説』後記）

『序説』（をはじめとする三上の著作)が「問題の」書であることは疑い得ない。そして、その内容の多くは現在的な意義を十分持っている。今こそ、日本語学の停滞を打破するためにも、

4. むすび

今日的な観点から三上の文法論を改めて捉え直す必要があるのではなかろうか。

あとがき

　本書は偶然生まれることになりました。

　2002年3月ごろ、拙著(『新しい日本語学入門』)の読者で私に会いたいという方がいらっしゃるという連絡を出版社から受けました。その読者というのが、めいけい出版社長であり、2003年3月に行われる「三上フェスタ」の展示コーディネーターでもある阿藤進也さんだったのです。

　阿藤さんは拙著の中で私が三上さんについて書いている部分に共感して、私に三上さんに関する本を書かせたいと思われたのでした。

　その後、阿藤さんと、くろしお出版の岡野篤信会長と3人で食事をともにさせていただく機会を得、その際、三上さんに関するいろいろなお話を伺うことができました。

　正直なところ、最初、本のお話しをいただいたときには「なぜ私が？」というのが正直な印象でした。私は三上さんの本をそんなに精読していたわけではありませんし、(正直に告白しますが、本書の執筆開始時には『革新』を読んでおらず、絶版になっていたため、急いでくろしお出版から本のコピーを送ってもらって読んだほどでした)ＭＢＫ(三上文法研究会)にも一度も参加したことはありませんでした。

　そうしたことから、「三上さんの本を書く」ということには違和感があったのですが、とにかく三上さんの本を全部読んで

みようと思い、そこから改めて三上さんの全著作（『論文集』と『技芸は難く』を除く）を読み始めました。

そうして読み進めるにつれて、三上章という人のすごさに気づかされました。まず、何より驚かされるのは、今日でも新しいと考えられている、文法上の概念や用語などを50年前に既に用いているということです。一例として、§1で挙げた英語の無題文に関する考察が挙げられます。

こうしたことが可能だった理由としては、三上さんが外国語（特にフランス語）に堪能であったこと、一般言語学的関心と観点を持っていたこと、広い教養を身につけていたことなどが挙げられると思います。

§1でも書いたように、三上さんは国語学の世界ではアマチュアであり、それ故、その意見はかなりの部分黙殺されました。しかし、このような教養人が在野にいたことはまさに驚愕すべきことに思えます。そして、その教養が衒学趣味ではなく、「日本語から日本語を見る」という極めてまっとうな形で述べられていることに新鮮な感動を覚えます。

三上さんの本は必ずしも簡単に読めるものではありません。私自身、学部生のときから、何度も『序説』に挑んできましたが、未だに完全に理解できたという自信はありません。その理由は、一つには三上さん自身の書き方の難解さにもありますが、やや逆接的な言い方をすれば、三上さんの意見が真理を述べているからだとも言えるように思います。

あとがき

　特に、「オウプン、クロウズド」に関する部分は極めて難解で、本書を通しても三上さんの真意を伝えられたかどうか自信がありません。ただ、今後、研究の動向が文＝文法から談話文法へと向かい、線条性ということを考慮に入れた文法論を考える必要が出てくる際に、三上さんが述べている「話線」「勢」といった概念は必ずや重要な概念になってくるものと思われます*。

　本書は、三上さんの文法論への道案内です。本書を読まれた方はどうか三上さんの世界をご自分で体験なさってください。文法論の専門でない方にとっても、このようにオリジナリティにあふれた思想家が日本にいたのだという形での感動が得られるものと思います。

　本書をなすに当たり、多くの方にお力添えをいただきました。

　めいけい出版の阿藤社長は、本書執筆の機会を与えてくださっただけでなく、数々の貴重な資料を提供してくださいました。

　くろしお出版の岡野会長には、本書を出版することを決めていただいたのみならず、三上さんに関する貴重なお話を数多く伺いました。

　学習院大学の前田直子さんには、本書のゲラ稿の段階から数度にわたって目を通していただき、内容について長時間にわたって議論に付き合っていただきました。本書の内容が多少なりともわかりやすいものになっているとすれば、それは前田さんのコメントのおかげです。

　くろしお出版の福西敏宏さんは、本文の入稿時期をぎりぎり

まで待ってくださり、おかげで、何とか満足できる内容に仕上げることができました。

　最後に、本書を2001年9月1日に乳ガンのため33歳で他界した妻清水佳子に捧げたいと思います。そして、三上さんが鍬を入れ、清水が種をまいた「ピリオド越え」に関する問題が、今後の日本語のテキスト研究において、より明示的な形で解決されていくことを心から期待したいと思います。

* 文法理論の中に線条性を取り入れるべきことについては、拙論(1998)「テキスト言語学の理論的枠組みに関する一考察」『一橋大学留学生センター紀要』創刊号をご参照ください。

参考文献

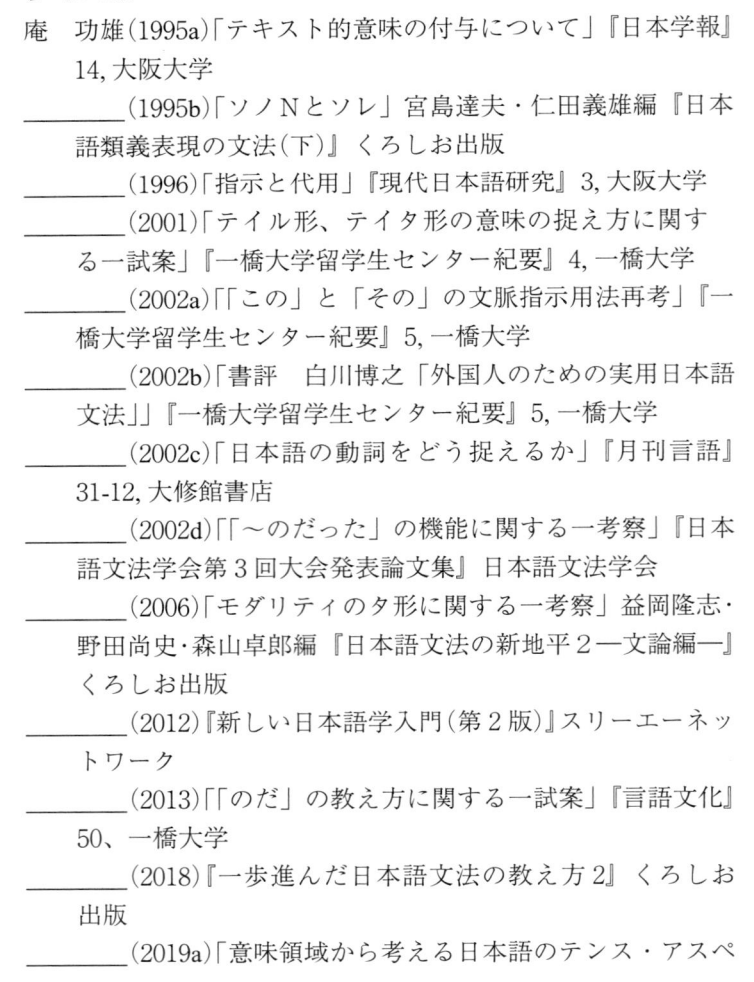

庵　功雄(1995a)「テキスト的意味の付与について」『日本学報』14, 大阪大学

＿＿＿＿＿＿(1995b)「ソノNとソレ」宮島達夫・仁田義雄編『日本語類義表現の文法(下)』くろしお出版

＿＿＿＿＿＿(1996)「指示と代用」『現代日本語研究』3, 大阪大学

＿＿＿＿＿＿(2001)「テイル形、テイタ形の意味の捉え方に関する一試案」『一橋大学留学生センター紀要』4, 一橋大学

＿＿＿＿＿＿(2002a)「「この」と「その」の文脈指示用法再考」『一橋大学留学生センター紀要』5, 一橋大学

＿＿＿＿＿＿(2002b)「書評　白川博之「外国人のための実用日本語文法」」『一橋大学留学生センター紀要』5, 一橋大学

＿＿＿＿＿＿(2002c)「日本語の動詞をどう捉えるか」『月刊言語』31-12, 大修館書店

＿＿＿＿＿＿(2002d)「「～のだった」の機能に関する一考察」『日本語文法学会第3回大会発表論文集』日本語文法学会

＿＿＿＿＿＿(2006)「モダリティのタ形に関する一考察」益岡隆志・野田尚史・森山卓郎編『日本語文法の新地平2─文論編─』くろしお出版

＿＿＿＿＿＿(2012)『新しい日本語学入門(第2版)』スリーエーネットワーク

＿＿＿＿＿＿(2013)「「のだ」の教え方に関する一試案」『言語文化』50、一橋大学

＿＿＿＿＿＿(2018)『一歩進んだ日本語文法の教え方2』くろしお出版

＿＿＿＿＿＿(2019a)「意味領域から考える日本語のテンス・アスペ

クト体系の記述」『言語文化』55、一橋大学

＿＿＿＿＿＿＿(2019b)「テンス・アスペクトの教育」庵功雄・田川拓海編『日本語のテンス・アスペクト研究を問い直す1「する」の世界』ひつじ書房

＿＿＿＿＿＿＿(2020a)「三上章―日本語学の父」『日本語学』2020年春号

＿＿＿＿＿＿＿(2020b)「現代日本語のムードを表す形式についての一考察」庵功雄・田川拓海編『日本語のテンス・アスペクト研究を問い直す2「している・した」の世界』ひつじ書房

庵　功雄・三枝令子(2012)『上級日本語文法演習　まとまりを作る表現―指示詞、接続詞、のだ・わけだ・からだ―』スリーエーネットワーク

庵　功雄・高梨信乃・中西久実子・山田敏弘(2000)『初級を教える人のための日本語文法ハンドブック』スリーエーネットワーク

＿＿＿＿＿＿＿＿＿＿＿＿＿＿＿＿＿＿＿＿＿＿＿(2001)『中上級を教える人のための日本語文法ハンドブック』スリーエーネットワーク

一ノ瀬俊和(2001)『しっかり学ぶイタリア語』ペレ出版

岩崎　卓(2000)「日本語における文法カテゴリーとしてのテンスとは何か」『日本語学』19-5

尾上圭介(1984)「昭和57・58年における国語学界の展望文法(理論・現代)」『国語学』137, 国語学会

＿＿＿＿＿＿＿(1997〜1998)「主語①〜④」『日本語学』16-11, 16-12, 17-1, 17-2, 明治書院

参考文献

影山太郎(1993)『文法と語形成』ひつじ書房
金谷武洋(2002)『日本語に主語はいらない』講談社選書メチエ
上林洋二(1988)「措定文と指定文」『文藝言語研究　言語編』14, 筑波大学
菊地康人(1995)「「は」構文の概観」益岡隆志・野田尚史・沼田善子編『日本語の主題と取り立て』くろしお出版
＿＿＿＿＿＿＿(1997)「「カキ料理は広島が本場だ」構文の成立条件」『広島大学日本語教育学科紀要』7, 広島大学
北原保雄(1981)『日本語の世界6　日本語の文法』中央公論社
菊地康人(2004)「三上章の敬語論」『国文学解釈と鑑賞』69-1
金水　敏(1999)「日本語の指示詞における直示用法と非直示用法の関係について」『自然言語処理』6-4, 言語処理学会
＿＿＿＿＿＿＿(2001)「テンスと情報」音声文法研究会編『音声と文法Ⅲ』くろしお出版
金水　敏・田窪行則(1992)「日本語指示詞研究史から／へ」金水　敏・田窪行則編(1992)所収
＿＿＿＿＿＿＿＿＿＿＿＿＿＿編(1992)『日本語研究資料集　指示詞』ひつじ書房
金田一春彦(1950)「国語動詞の一分類」金田一春彦編(1976)『日本語のアスペクト』(むぎ書房)に再録
草野清民(1899)「國語ノ特有セル語法－總主」服部四郎他編(1978)『日本の言語学第三巻文法Ⅰ』(大修館書店)に再録
工藤真由美(1995)『アスペクト・テンス体系とテクスト』ひつじ書房
久野　暲(1973)『日本文法研究』大修館書店

＿＿＿＿＿＿＿(1978)『談話の文法』大修館書店

佐治圭三(1981)「"のだ"の本質」佐治圭三(1991)『日本語文法の研究』(ひつじ書房)に再録

柴谷方良(1985)「主語プロトタイプ論」『日本語学』4-10, 明治書院

＿＿＿＿＿＿＿(1989)「言語類型論」『英語学大系6　英語学の関連分野』大修館書店

清水佳子(1995)「「NPハ」と「φ(NPハ)」」宮島達夫・仁田義雄編『日本語類義表現の文法(下)』くろしお出版

白川博之(2002a)「外国人のための実用日本語文法」『月刊言語』31-4, 大修館書店

＿＿＿＿＿＿＿(2002b)「記述的研究と日本語教育」『日本語文法』2-2, 日本語文法学会

鈴木重幸(1972)『日本語文法・形態論』むぎ書房

砂川有里子(1990)「主題の省略と非省略」『文藝言語研究　言語編』18, 筑波大学

高梨信乃(1995)「非節的なXナラについて」仁田義雄編『複文の研究』くろしお出版

龍城正明(2000)「テーマ・レーマの解釈とスープラテーマ」小泉保編『言語における機能主義』くろしお出版

田野村忠温(1990)『現代日本語の文法Ⅰ「のだ」の意味と用法』和泉書院

張　麟声(2001)『日本語教育のための誤用分析』スリーエーネットワーク

堤　良一(2002)「文脈指示における指示詞の使い分けについて」『言語研究』122, 日本言語学会

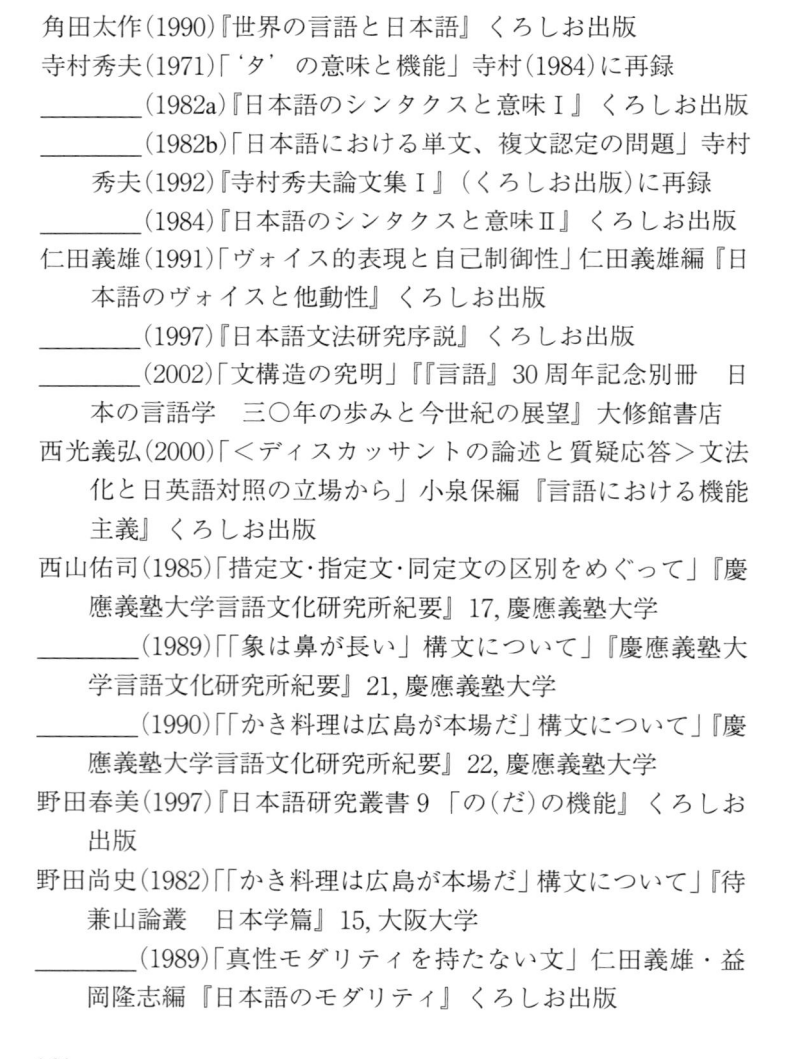

参考文献

角田太作(1990)『世界の言語と日本語』くろしお出版
寺村秀夫(1971)「'タ'の意味と機能」寺村(1984)に再録
_____(1982a)『日本語のシンタクスと意味Ⅰ』くろしお出版
_____(1982b)「日本語における単文、複文認定の問題」寺村秀夫(1992)『寺村秀夫論文集Ⅰ』(くろしお出版)に再録
_____(1984)『日本語のシンタクスと意味Ⅱ』くろしお出版
仁田義雄(1991)「ヴォイス的表現と自己制御性」仁田義雄編『日本語のヴォイスと他動性』くろしお出版
_____(1997)『日本語文法研究序説』くろしお出版
_____(2002)「文構造の究明」『『言語』30周年記念別冊　日本の言語学　三〇年の歩みと今世紀の展望』大修館書店
西光義弘(2000)「＜ディスカッサントの論述と質疑応答＞文法化と日英語対照の立場から」小泉保編『言語における機能主義』くろしお出版
西山佑司(1985)「措定文・指定文・同定文の区別をめぐって」『慶應義塾大学言語文化研究所紀要』17, 慶應義塾大学
_____(1989)「「象は鼻が長い」構文について」『慶應義塾大学言語文化研究所紀要』21, 慶應義塾大学
_____(1990)「「かき料理は広島が本場だ」構文について」『慶應義塾大学言語文化研究所紀要』22, 慶應義塾大学
野田春美(1997)『日本語研究叢書9　「の(だ)の機能」』くろしお出版
野田尚史(1982)「「かき料理は広島が本場だ」構文について」『待兼山論叢　日本学篇』15, 大阪大学
_____(1989)「真性モダリティを持たない文」仁田義雄・益岡隆志編『日本語のモダリティ』くろしお出版

_____(1994)「日本語とスペイン語の主題化」『言語研究』105, 日本言語学会
_____(1995)「文の階層構造から見た主題ととりたて」益岡隆志・野田尚史・沼田善子編『日本語の主題と取り立て』くろしお出版
_____(1996)『新日本語文法選書1「は」と「が」』くろしお出版
_____(2002a)「主語と主題」『『言語』30 周年記念別冊　日本の言語学　三〇年の歩みと今世紀の展望』大修館書店
_____(2002b)「重要文献解題　三上章『象は鼻が長い』」『『言語』30 周年記念別冊　日本の言語学　三〇年の歩みと今世紀の展望』大修館書店
林　四郎(1973)『文の姿勢の研究』明治図書
原田信一(1973)「構文と意味」原田信一(2000)『シンタクスと意味　原田信一言語学論文選集』(大修館書店)に再録
益岡隆志(1987)『命題の文法』くろしお出版
_____(1991)『モダリティの文法』くろしお出版
_____(2000)『日本語文法の諸相』くろしお出版
_____(2003)『三上文法から寺村文法へ』くろしお出版
松下大三郎(1928)『改選標準日本文法』中文館書店(勉誠社から復刊(1978))
三尾　砂(1942)『話言葉の文法(言葉遣篇)』帝国教育会出版部(くろしお出版から復刊(1995))
三上　章(1968)「人称雑疑」三上章(1975)『三上章論文集』(くろしお出版)に再録

参考文献

_____(2002)『構文の研究』くろしお出版
南　不二男(1974)『現代日本語の構造』大修館書店
山口　光(2001)『還元文法構文論』くろしお出版
Chafe, W.(ed.1980) *The pear stories.* Ablex.
Givón, T.(1983) *Topic continuity in discourse.* John Benjamins.
Halliday, M.A.K.(1994) *An introduction to functional grammar.* Edward Arnold.
Halliday, M.A.K. & Hasan, R.(1976) *Cohesion in English.* Longman.
Karmiloff-Smith, A.(1980) "Psychological processes underlying pronominalization and non-pronominalization in children's connected discourse," *Papers from the parasession on pronouns and anaphora.* Chicago Linguistic Society.
Keenan, E. L.(1976) "Towards a universal definition of "subject," in Li, C. N. (ed.) *Subject and Topic.* Academic Press.
Kuroda, S.-Y.(1965) *Generative grammatical studies in the Japanese language.* reprinted (1979) as Outstanding dissertations in linguistics. Garland Publishing, Inc.
_____(1972) "The categorical and the thetic judgment," *Foundations of language,* 9.
Levinson, S.C.(1983) *Pragmatics.* Cambridge University Press
Li, C. & Thomsom, S.(1976) "Subject and topic," in Li, C. N.(ed.) *Subject and topic.* Academic Press.
Quirk, R., Greenbaum, S., Leech, G., Svartvik, J.(1985) *A comprehensive grammar of the English language.* Longman.

索引

D

dictum　50、81

H

Halliday　4、49

I

imperfective　104、105、118

L

Li & Thompson　66、76、103

M

modus　50、81

P

perfective　104、105
pro-drop　70、71

S

subject　12

あ

アマチュア　8

い

位格　27、56、68
イ形容詞　19
一致　44、75
引用　24

か

解説　49、120
「かき料理は広島が本場だ」
　　　　　　　構文　93
格下げ　121
格助詞　21、50、59
格枠組み　51
語りのテンス　118
学校文法　139、141、144
活用　21
活用表　22、107
ガーノ可変　45、113
関係的　116
完結的(インパーフェクチブ)
　　　　　　104、105、106
間接受身　25
間投詞　19

完了　109、112、148
完了形　117、119、120
完了時　112
関連づけ　116

き

菊地康人　93
既成命題　113
基本時　112
疑問文　37
教育文法　147
教科文法　143
境遇性　19
強調構文　94
挙証責任　81、91
虚勢的　59、121
儀礼的　110
金水敏　111、120
金田一春彦　105

く

区切り　14
句読法　37
工藤真由美　116、118、147
久野暲　57、98、125
組立時　114

黒田成幸　40、123、124
桑原武夫　7

け

敬語　31
係助詞　21、50
形容詞　19
形容詞文　25、33
結束性　60、121
（主題の）顕現　125
謙譲語　31、53
兼務　46、47、51、54、56

こ

硬式　34、84
構成的　20
語幹　59
国語教育　138、144、146
コト　50、81
誤用例　24、150
コンマ越え　60

さ

再帰代名詞　66
再発見　118

し

指示詞　128
事象叙述　40、126
「辞書は新しいのがいい」構文
　　　　　　　　　　　93
実用文法　136〜138、152
指定文　33、34
自動詞　25
柴谷方良　39、68
終止法　22、89
終助詞　21
主格　27
主格型　55
主格＝主語説　39
主格の絶対的優位　45、53、54
主格の相対的優位　51〜54
主格補語　28
主語　14、41、43、44、50、54、73
主語化　98
主語卓越型　66、76、103
主語廃止論　43、44、72、73
主語プロトタイプ論　68
主辞　12
主述関係（S-P関係）　50、153
主題　49
主題化　99、100

主体＝主語説　39
主題＝主語説　39
主題卓越型　66、76、103
主題連鎖　124
準詞　20、21
準詞文　33
条件　62
条件法　89
承前詞　19、129、132
状態的（パーフェクチブ）
　　　　　　　104、105、106
省略　70、123
助詞　19
所動詞　25、57
所動詞文　32
所動主格　25
自立形　22
真性モダリティを持たない文
　　　　　　　　　　　131

せ

正書法　24
接続助詞　21、90
接尾辞　20
ゼロ（代名詞）　124
先行詞　66
全閉じ　36

全開き　36、87、88

そ

想起　110、118
総記　48
相対テンス　112
「象は鼻が長い」構文
　　　　　　92、96～100、103
遡及　23、85
属性叙述　40、126
素材的判断　40
措定文　33
尊敬語　31、53

た

対応する能動文　52
対格　27
対格型　42、55
代行　46
第三位格　27、28、56
題述関係（T-P関係）　49、73
代動詞　37
第二位格　27、28、56
第二英文法　140
代表　36
代名詞　19、123、124
題目　12

代理　37
対立型　29
タクシス　116
たすきがけ　52
他動詞　25
単式　34、82、87、89
単純時　115
単文　78

ち

中間的な受身　101、102
中立法　15、23、89、150
張麟声　99
直示　19
直接受身　25、101、102
陳述作用　28、29
陳述度（ムウド・ムード）
　　　　21、23、81、89、107

つ

角田太作　40

て

定形動詞　79、80
丁寧化百分率　86、90
丁寧形　85

丁寧語　32
テキスト　121
寺村秀夫　3、146
テンス　106〜111
伝達レベル　49

と

統括作用　28、29
動詞　19
特殊な準詞文　33
閉じ（クロウズド）　35、86
土着主義　8
トテ双声　112

な

ナ形容詞　19
なら　61
軟式　34、84、85、88、89

に

西山佑司　34、97
二重の二項対立　29
仁田義雄　52、53、68、69
日本語学　2、3
日本語教育　139〜141、146
認識的判断　40

人称制限　68、69

の

能動詞　25
能動詞文　32
能動主格　26
のだ（ノデアル）　113〜119
のだった　117〜119
野田尚志　39、55、63、69、92、93、97、131

は

パーフェクト　147〜150
排他　48、82
はた迷惑の受身　25
発見　118
「花が咲くのは7月ごろだ」構文　94
「ハ」の兼務　47
「ハ」の本務　59
原田信一　39、66、67、74
ハリディ　4
反事実　119
反省時　114
半閉じ　36
半開き　36、88

ひ

非出現　70、72
必須補語　151
開き（オウプン）　35、86
ピリオド越え
　　　　　60、72、120〜128
品詞分類　18

ふ

副詞　19
複式　83
複文　78、79
不信　135、136、143
不振　135、143
普通形（plain form）　22、89
不定形動詞　79
不定法　22、89
不定法部分　23
文の度合い　22
文法化　76
文法関係　49
文法教育　138、141〜143
分裂文　94

へ

へり下り　31

ほ

報告型　55
補語　82、83

ま

益岡隆志　40、149
松下大三郎　13、137
まともな受身　25

み

三尾砂　86、90
南不二男　15、91
未了　109

む

ムードの'タ'　111
無題化　48〜50
無題文　26、40、41

め

名詞　19
名詞修飾節　48、84、88
名詞文　25
命題　50

も

持上げ（もた） 31

や

山田孝雄 50

ゆ

融合型 30
遊式 34
有題文 40、41

よ

与格 27

り

料理型 42、55

れ

連体法 22

ろ

ローマ字論者 37
論理学 12

わ

話線 35、87、88

著者紹介

庵 功雄（いおり いさお）

1967年大阪府出身。大阪大学大学院文学研究科博士課程修了。博士（文学）。大阪大学助手，一橋大学講師，准教授を経て，現在，一橋大学国際教育交流センター教授。専門は日本語教育文法，日本語学，テキスト言語学。

[主な出版物]

『やさしい日本語―多文化共生社会へ』（岩波書店），『日本語におけるテキストの結束性の研究』（くろしお出版），『日本語指示表現の文脈指示用法の研究』（ひつじ書房），『留学生と中学生・高校生のための日本史入門』（晃陽書房），『にほんごこれだけ1・2（監修）』（ココ出版），『新しい日本語学入門（第2版）』『初級を教える人のための日本語文法ハンドブック（共著）』『中上級を教える人のための日本語文法ハンドブック（共著）』（スリーエーネットワーク），『一歩進んだ日本語文法の教え方1, 2』（くろしお出版），『日本語教育文法のための多様なアプローチ（共編著）』（ひつじ書房）など，日本語学・日本語教育に関する執筆多数。

『象は鼻が長い』入門
―日本語学の父 三上章―

2003年 4月 1日 第1刷発行	著者　庵　功雄
2024年 2月 9日 第5刷発行	発行人　岡野秀夫
	発行　くろしお出版
	〒102-0084
	東京都千代田区二番町4-3
	TEL 03-6261-2867
	FAX 03-6261-2879
	http://www.9640.jp/
	装丁　庄子結香
	印刷　株式会社シナノ

© Isao IORI 2003, Printed in Japan

●乱丁・落丁はおとりかえいたします。無断複製を禁じます●

ISBN978-4-87424-278-0 C3081

三上章の著作

構文の研究
2002.12.1　A5判192ページ　本体2500円　ISBN4-87424-260-5 C3081

　三上の文論の体系が明らかに。言語構造研究の新たな研究のヒントが数多く鏤められている。【目次】《序論》文法の単位（長短の言語形式／センテンス／単語をめぐって／品詞分類）／活用形（漆着的な語形変化／動詞／形容詞／準用詞／モノロジェム）《本論》コトの類型（コトの取出し／乙型のコト／甲型と乙型／主格の優位／格助詞の重なり／連用修飾語／コトの形）／題述関係（有題と無題／"ハ"の幅／係助詞／提示法／無題化／題目の重なり）／ムウド（ムウドの分類／中立法／条件法／終止法／連体法／ムウドの目録／発言のムウド）／テンス（アスペクト／終止法／連体法／組立てのテンス／その他）／スタイル（敬語の種類／丁寧さの段階／丁寧さの法則／ムウド以外／条件法／中立法／連体法／敬語的第二人称）／係り係られ（構文式／単式と複式／軟式と硬式／フレエズ／副詞／ゆるやかな係り）引用法（引用動詞／ト思ウ／コソアド／ト言ウ／"ト"の前後／借用）／間投詞など（コト以外／感嘆文／無格小節／有格小節／セミコロン）

現代語法新説
1972.8.10　B6判408ページ　本体3400円　ISBN4-87424-264-3 C3081

　（初版1955；刀江書院）当時の学界を話題を独占した『現代語法序説』。その斬新に満ちた前作を体系化しようとした試み。序　金田一春彦。【目次】文法用語など／何を単語と見なすか／名詞／動詞／形容詞と副詞／代名詞と承前詞／敬語の心理／敬語の種類／センテンスの性質／センテンスの構造／センテンスの内部／センテンスの前後／句読点新案／疑問文の形式

現代語法序説：シンタクスの試み
1972.4.20　B6判416ページ　本体3500円　ISBN4-87424-114-1 C3081　品切

　（初版1953；刀江書院）三上の代表作で戦後の日本語文法に一石を投じた一冊。将来的には現代語の実用的なシンタクス一冊を刊行することを構想におき、そのはしりとして文法の問題点を世におくりだした。本質的な掘り下げのないまま現代におよんだ問題も少なくない。序　佐久間鼎。【目次】私の品詞分け／主格、主題、主語／活用形の機能／単式と複式／戦時中の論文「語法研究への一提試」

三上章の著作

続・現代語法序説：主語廃止論
1972.10.10　B6判256ページ　本体3000円　ISBN4-87424-097-7 C3081　品切

（初版1959；刀江書院）「主語という用語」「主述関係という概念」「単文・重文・複文の区別」の3つは日本語文法では廃止しなければいけないと主張。新たな構文論をうちたてる。川本茂雄　序、寺村秀夫　解題。【目次】第一章　文法用語（わたしの用語／広義の接尾辞）／第二章　いわゆる主述関係（西洋文法の主語／主語存置論／主語も補足語／アタマとカラダ／主語廃止難／わが題述関係）／第三章　基本概念（文の種類／コトとムウド）／第四章　活用形のはたらき（単式、軟式、硬式／終止法／中立法／条件法／ムウド総括／構造式）

象は鼻が長い：日本文法入門
1960.10.30　B6判272ページ　本体2200円　ISBN4-87424-117-2 C3081

二重主語問題の代表的例文を書名に、「ハ」は「ガノニヲ」を代行するという鮮やかな変形操作と、1,000以上の生きた例文を駆使し「ハ」の本質を明らかにしたベストセラー。現在の日本語学研究、海外にまで影響をもたらした一冊。序　佐久間鼎。【目次】第一章「ハ」の兼務（Xハの両面／無題化ということ／Xガ／Xヲ／Xニ、Xデ／T（ ）／Xノx／モノ／雑例）／第二章「ハ」の本務（題述の呼応／ピリオド越え／コレとソレ）／第三章「ハ」の周囲（Xナラ／Xモ、Xデモ／X −）

文法教育の革新
1963.6.30　B6判212ページ　本体2000円　ISBN4-87424-265-0 C3081　品切

学校文法を痛烈に批判し、実際的な改革案を示す。現代にも多くの示唆を残す革新的著作。【目次】ほんの少し前進しよう（最大公約数的見解／橋本で橋本を修正しよう／他の諸説の起用）／無理からぬところもあるが（動詞誤解／名詞誤解）／なぜこのままではいけないか（日本語の海外進出／アメリカ版日本文法）／先駆者たち／児言研文法のあやまち／いわゆる総主の歴史／文型百種／もっと前進しよう／関根論文

三上章の著作

日本語の論理：ハとガ

1963.12.20　B6判192ページ　本体2500円　ISBN4-87424-113-1 C3081　品切

日本語文法を論理学の視点から考察、日本語文法が西洋文法から受けた影響について批評する。【目次】動詞のカテゴリー（動詞の種類／活用形，派生形／テンスとアスペクト／スタイル／否定）／センテンス（センテンスの規定／センテンスの種類／センテンスの成分）／区切り方（長文の例／終止法／中立法／条件法など／連体法／連合の順序／引用形式／遊離的な形）／余論（題と解／主語は問題がありますので／シロウトの日本語文法）

日本語の構文

1963.12.20　B6判192ページ　本体2200円　ISBN4-87424-267-7 C3081

三上の著作物や当時の新しい研究者によって、日本文法の捉え方は大きくかわってきていた。これまでの構文様式の根本的相違を認識し、動詞のカテゴリーやセンテンスの区切り方の規定を独自の発想をもって展開する。【目次】動詞のカテゴリー（動詞の種類／活用形，派生形／テンスとアスペクト／スタイル／否定）／センテンス（センテンスの規定／センテンスの種類／センテンスの成分）／区切り方（長文の例／終止法／中立法／条件法など／連体法／連合の順序／引用形式／遊離的な形）／余論（題と解／主語は問題がありますので／シロウトの日本語文法）

文法小論集

1970.12.20　B6判228ページ　2100円　ISBN4-87424-186-7 C3081

ハーバード大学から帰国後にまとめた、変形文法との交流を示す晩年の論集。【目次】文法と文法教育／変説のおわび／文型／Topic-Comment／Subjective／敬語法内外／主格と対格／二重主格／コソアド抄／省略の法則／不規則動詞／文法用語のこと／複合的用言